Kurt Schlegel | Jochen Stegmaier

Musik-Themenhefte

MUSIKSTILE von Punk bis Trip Hop

W0311682

Verlag an der Ruhr

Impressum

Titel
Musik-Themenhefte:
Musikstile von Punk bis Trip Hop

Autoren
Kurt Schlegel, Jochen Stegmaier

Titelbildmotive Photocase
Pop-Foto © john krempl, Soul-Foto © boing, Rap-Foto © marqs, Punk-Foto © marqs

Verlag an der Ruhr
Mülheim an der Ruhr
www.verlagruhr.de

Geeignet für die Klassen 9 – 10

Die hier im Heft angegebenen Links finden Sie auch unter www.verlagruhr.de/punk-bis-triphop

Unser Beitrag zum Umweltschutz
Wir sind seit 2008 ein ÖKOPROFIT®-Betrieb und setzen uns damit aktiv für den Umweltschutz ein. Das ÖKOPROFIT®-Projekt unterstützt Betriebe dabei, die Umwelt durch nachhaltiges Wirtschaften zu entlasten. Unsere Produkte sind grundsätzlich auf chlorfrei gebleichtes und nach Umweltschutzstandards zertifiziertes Papier gedruckt.

Ihr Beitrag zum Schutz des Urhebers
Das Werk und seine Teile sind urheberrechtlich geschützt. Jede Verwendung in anderen als den gesetzlich zugelassenen Fällen bedarf der vorherigen schriftlichen Einwilligung des Verlages. Im Werk vorhandene Kopiervorlagen dürfen für den eigenen Gebrauch in der jeweils benötigten Anzahl vervielfältigt werden.
Die dazu notwendigen Informationen (Buchtitel, Verlag und Autor) haben wir für Sie als Service bereits mit eingedruckt. Diese Angaben dürfen weder verändert noch entfernt werden. Bitte beachten Sie die Informationen unter schulbuchkopie.de.
Der Verlag untersagt ausdrücklich das digitale Speichern und Zurverfügungstellen dieses Buches oder einzelner Teile davon im Intranet (das gilt auch für Intranets von Schulen und Kindertagesstätten), per E-Mail, Internet oder sonstigen elektronischen Medien.
Kein Verleih. Zuwiderhandlungen werden zivil- und strafrechtlich verfolgt.

© Verlag an der Ruhr 2010
ISBN 978-3-8346-0671-6

Printed in Germany

Weitere Titel aus dieser Reihe:

Instrumente
Cathrin Gronenberg
Klasse 5 – 6, 40 S., A4, Heft
ISBN 978-3-8346-0664-8
Best.-Nr. 60664

Videoclips
Kurt Schlegel, Jochen Stegmaier
Klasse 7 – 8, 40 S., A4, Heft
ISBN 978-3-8346-0666-2
Best.-Nr. 60666

Inhaltsverzeichnis

© Valeriy Poltorak/fotolia.com

© Alan Light/wikipedia.com

© PJOrsi/wikipedia.com

© Juanbobadilla/wikipedia.com

© Michael Kranewitter/wikipedia.com

© KellyChlew/wikipedia.com

© Matthias Muelbradt Die Toten Hosen/wikipedia.com

© Raminta Malinauskaite/wikipedia.com

© Patrick Beier/die-breiten.de

© www.diefantastischenvier.de

© PresleyJesus/wikipedia.com

Welche Musik will ich hören?

Einführung

Musik

MEDIATHEK

STORE

WIEDERGABELISTE
- Meist gespielt
- Lieblingstitel
- Top 50
- Videos
- Wiedergabeliste NEU
- Zuletzt hinzugefügt

- Alternative
- Ambient
- Blues
- Classic Rock
- Classical
- College
- Country
- Dance
- Electric
- Electronic
- Folk
- Golden Oldies
- Hip-Hop/Rap
- Hits oft he 70's, 80's, 90's
- Holiday
- International
- Jazz
- Latino
- Pop
- Public
- Reggae
- Religious
- R'n'B/Soul
- Rock

Aufgaben

1. Welche der im Musikprogramm vorgegebenen Musikrichtungen kennt ihr nicht? Kreuzt sie an.

2. Informiert euch über eine unbekannte Musikrichtung, und sucht ein paar Hörbeispiele aus. Dies kann man problemlos mit einem kostenlosen Software-Mediaplayer, z.B. Winamp (www.winamp.com). Ergänzt Bilder von Musikern und Bands dazu. Stellt eine Präsentation zusammen, und zeigt sie der Klasse.
Nehmt dabei Stellung zu dieser Musik. Wieso kanntet ihr sie nicht? Könnt ihr euch vorstellen, euch mehr damit zu beschäftigen?

3. Stellt euren eigenen Lieblingsmusikstil wie in Aufgabe 2 vor. Diskutiert in der Klasse darüber.

© Verlag an der Ruhr | Autoren: Kurt Schlegel, Jochen Stegmaier | ISBN 978-3-8346-0671-6 | www.verlagruhr.de

„Say it loud, I'm black and proud"

Soul

Anfang der 60er-Jahre entstand **Soul** als afroamerikanische Vokal- und Unterhaltungsmusik. Ray Charles ist als Pianist und Sänger ein Begründer dieses Stils.
Wichtige **Bestandteile** dieser Musik sind Blues und Gospel sowie eine Prise Jazz. Soul lebt von ______________ (ring shouts), Soli und ______________ im Wechsel. Häufig wird der Gesang durch Schreie, Lautmalereien und das Verziehen von Tönen, den so genannten ______________, geprägt. Durch den engen Kontakt zum Publikum bei Liveauftritten, den durchgehenden treibenden ______________, die auf einfachen Akkorden des ______________ beruht, wirkt die Musik sehr ______________.
Die **„Musik der Seele"** kann zum einen Gefühle ausdrücken (z.B. *Liebe* wie in „When a man loves a women" von P. Sledge, *Traurigkeit* wie in „Sittin' on the Doc of the Bay" von Otis Redding oder *Freude* wie in „In the Midnight Hour" von Wilson Pickett). Soul steht darüber hinaus für **schwarze Kultur und Identität** („Black Power").
Das **Spektrum der Songs** reicht von langsamen ______________ bis zu schnellen ______________. Die wichtigste Plattenfirma für Soulmusik hieß ______________. Auf der Bühne trugen vor allem in der Anfangszeit viele Soulmusiker Anzüge und eine feine Garderobe. Später wurde dieses Outfit durch Disco-Kleidung ersetzt. Soul war besonders in den Jahren von 1960–1970 populär und wurde danach von anderen Musikrichtungen verdrängt. In den letzten Jahren ist jedoch das Interesse durch Stars wie Amy Winehouse oder Beyoncé wieder gestiegen. Darüber hinaus ist Soul die Grundlage für ______________ und Dancefloormusik.

Wichtige Musiker und Songs:
- Ray Charles: „Hit the road Jack", „What did I say"
- James Brown (King of Soul): „I feel good"
- Aretha Franklin (Queen of Soul): „Think"
- Otis Redding: „Respect"
- Wilson Pickett: „Mustang Sally"
- Amy Winehouse: „Rehab", „Valerie"
- Duffy: „Mercy"

© George Kleine/wikipedia.com

Patti LaBelle

Aufgaben

1. Füllt den Lückentext und die leeren Zeilen mit den folgenden Begriffen aus: Balladen, Groove, Gospel, Chorgesänge, Bluenotes, Hip-Hop, Rundgesänge, Motown-Stücke, gefühlsbetont, Atlantic

2. Informiert euch unter www.black-music.org/soul/entstehung-und-stil.php oder http://de.wikipedia.org/wiki/Soul#Entstehung_und_Stil über den Soul. Beantwortet dann folgende Fragen:
   a) Welches ist die typische Bandbesetzung im Soul?
   b) Welche Stile im Soul gibt es?
   c) Welches sind die wesentlichen musikalischen Merkmale des Soul?

Tipp:
Folgende Spielfilme vermitteln einen spannenden Einblick in die Geschichte und die Inhalte der Soulmusik: „Ray", „Blues Brothers", „The Commitments".

© Verlag an der Ruhr | Autoren: Kurt Schlegel, Jochen Stegmaier | ISBN 978-3-8346-0671-6 | www.verlagruhr.de

Ray Charles: „Hit the road Jack“

Hit the road Jack and don't you come back
no more, no more, no more, no more. 4x

2. Now baby, listen baby, don't-a treat me this-a way
   For I'll be back on my feet some day.

3. Don't care if you do, cause it's understood
   You ain't got no money you just ain't no good.

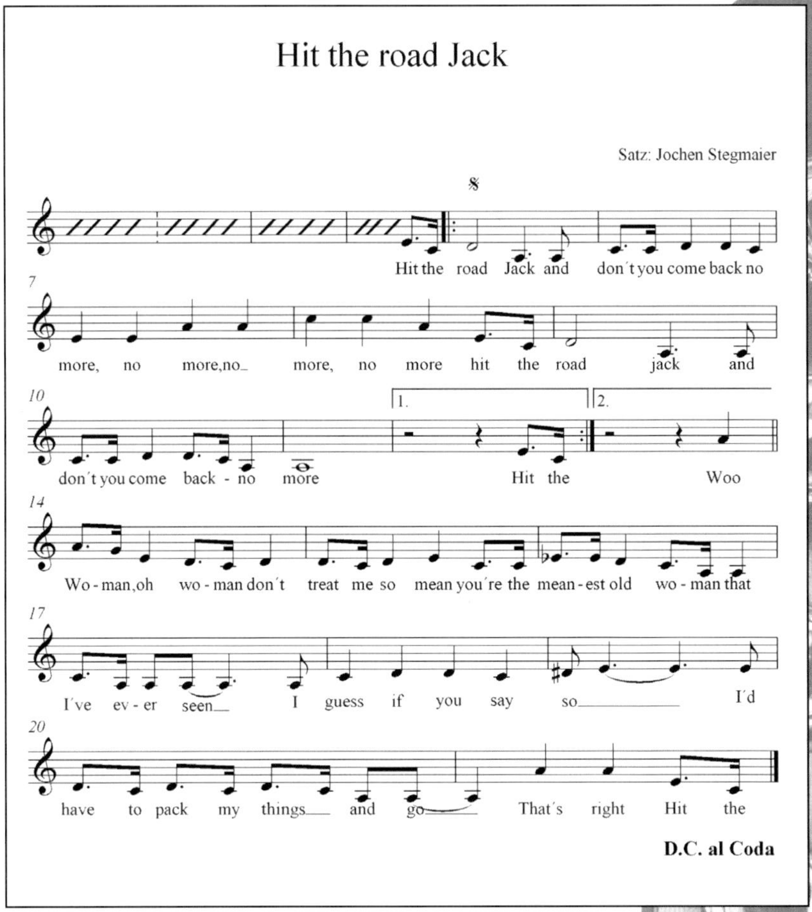

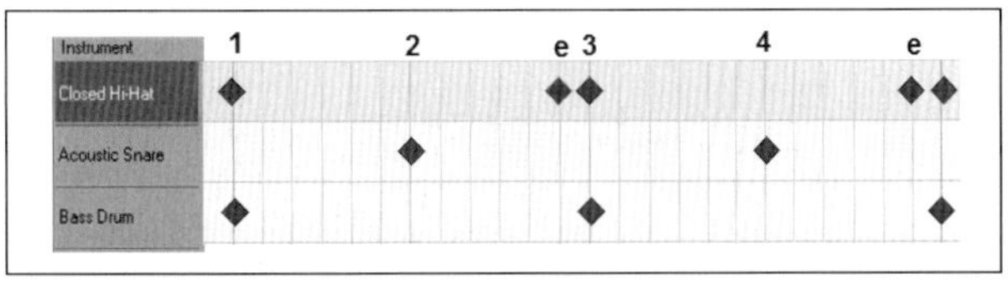

Schlagzeug: Jazzfeeling = 3 Schläge auf eine Viertel

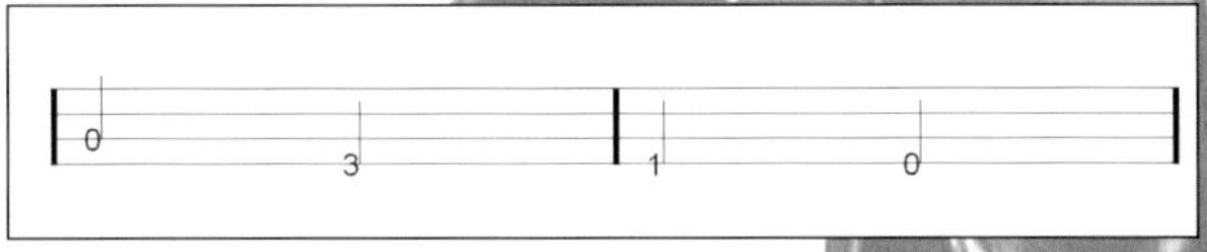

Bass

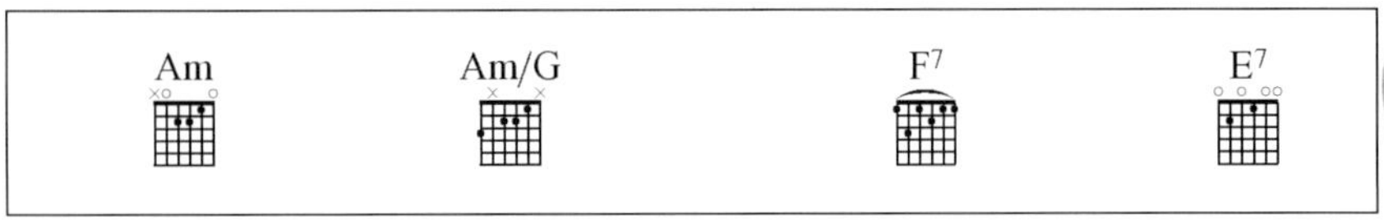

Gitarre

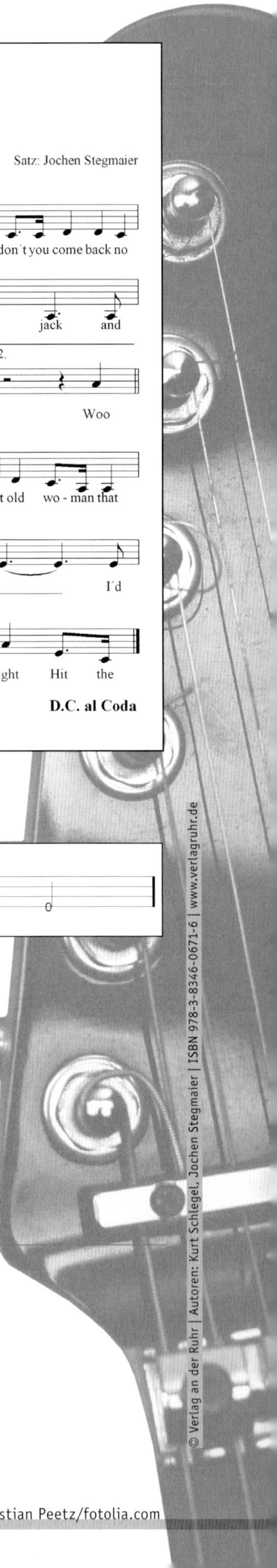

Aufgaben

1. Hört euch den Soulhit „Hit the road Jack“ an. Übersetzt den Text. Die Strophen werden von einem Mann und einer Frau gesungen. Wie ist die Aufteilung? Gestaltet das Lied als Rollenspiel in Partnerarbeit.

2. Begleitet selbst den Soulsong „Hit the road Jack“: Übt zuerst das Schlagzeug, dann den Bass: A, G, F, E, zum Schluss kommt die Gitarre dazu.

© Verlag an der Ruhr | Autoren: Kurt Schlegel, Jochen Stegmaier | ISBN 978-3-8346-0671-6 | www.verlagruhr.de

© Kristian Peetz/fotolia.com

© die ärzte assistiert von Jörg Steinmetz

Aufgabe

In dieser Grafik sind 53 weltweit berühmte Rockbands und Solomusiker versteckt. Wie heißen Sie? Setzt euch mit einem Partner zusammen, und notiert die Namen. Welches Team findet die meisten Musiker?

© Verlag an der Ruhr | Autoren: Kurt Schlegel, Jochen Stegmaier | ISBN 978-3-8346-0671-6 | www.verlagruhr.de

„Waking up the neighbours“

Verzerrte Gitarren, laute Musik, schnelle und starke Drumbeats, wilde Gitarrensoli, aggressiver Gesang; gespielt von langhaarigen Rockern in Lederklamotten, mit einem Wort: Rebellion – das ist die **Definition von Rockmusik.** Oder ist Rock eher gefühlvoll, melodisch zum Mitsingen, in Anzug und Krawatte auf der Bühne präsentiert – angepasste Massenkultur? Beide Bilder beschreiben die riesige **Bandbreite der unterschiedlichen Musikstile**, die alle unter der Bezeichnung Rock zu finden sind: **von Metallica bis Bryan Adams.** Rock lässt sich nicht einfach definieren.

Rockmusik umfasst verschiedene Musikrichtungen, die sich aus dem Rock 'n' Roll, der Beatmusik und dem Blues Mitte der 1960er-Jahre entwickelt haben. Die Veröffentlichung des Songs „I Can't Get No Satisfaction“ der Rolling Stones im Mai 1965 wird von Fachleuten als eigentliche **Geburtsstunde des Rock** bezeichnet.

Eine Rockgruppe ist fast immer mit einer oder mehreren elektrischen (oder akustischen) Gitarren, einem E-Bass und einem Schlagzeug besetzt. Häufig wird diese **Grundbesetzung** durch Tasteninstrumente, wie Klavier, Keyboards, Synthesizer oder Hammondorgeln, sowie manchmal durch eine Bläsergruppe (z.B. aus Trompete, Posaune und Saxophon) ergänzt.

Rockmusik definiert sich über:

- elektronisch verstärkte Musik
- „handgemachte“, meistens live beim Auftritt präsentierte Musik, keine Computermusik
- in der Regel durchgängig gespielte Achtelnoten beim Schlagzeug und Bass, der hämmernde Beat, der Backbeat, wird betont (das ist jeweils der 2. und 4. Schlag in einem 4/4-Takt)
- Improvisation und Gitarrensoli (vor allem in den 1980er- und 1990er-Jahren)
- Sänger, die als Selbstdarsteller auf der Bühne wirken (Rockshow), z.B. Freddie Mercury (Queen)
- meistens einfache Gitarrenakkorde, häufig Powerchords (= terzloser Dreiklang), vor allem im Metal
- ein breites Spektrum an Tempi, je nach Stil langsam (Rockballade) bis sehr schnell (Speed Metal)

Bryan Adams

James Hetfield, Metallica-Frontmann

Aufgabe

Sucht euch einen Rockmusiker oder eine Rockband aus, die ihr mögt, und legt für ihn oder sie eine Mindmap nach folgendem Muster an:

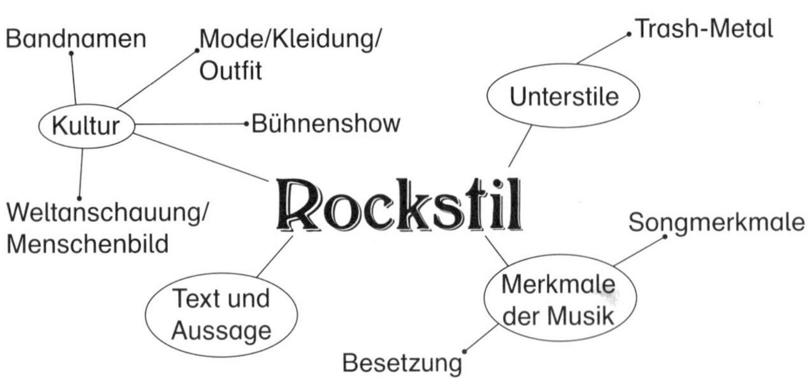

© Verlag an der Ruhr | Autoren: Kurt Schlegel, Jochen Stegmaier | ISBN 978-3-8346-0671-6 | www.verlagruhr.de

Stile, Geschichte und Vertreter 1/3

1960er-Jahre

Schon die ersten bedeutenden Vertreter dieses (damals neuen) Genres sorgten in den 1960er-Jahren für eine starke Polarisierung unter den meist jungen Anhängern: Während die **Beatles** mit Anzug und Krawatte das Bild des perfekten Schwiegersohnes abgaben und mit ihren melodischen und harmonievollen Beat-Songs den Grundstein für die später entstandene Stilrichtung Pop-Rock legten, wurden die **Rolling Stones** durch ihren damaligen Manager bewusst zu den „bad boys" der Musikszene stilisiert. Ihre Rockmusik bildete den Grundstein für Musikstile wie Metal, Hard Rock, Latin Rock **(Santana)** und Punk. Darüber hinaus entwickelte sich unabhängig aus der Folkszene mit ihrem Protest gegen den Vietnamkrieg der Folk Rock. Text und Musik sind für den ersten bedeutenden Musiker dieser Richtung, **Bob Dylan**, in diesem Genre gleichwertig. Er begründete damit eine „Singer Songwriter"-Tradition, die bis heute wirksam ist.

1970er-Jahre

In den 1970er-Jahren entstanden aus der rebellischen Gegenbewegung zum Hippietum Musikstile wie Hard Rock, Heavy Metal und Punk – mit Vertretern wie **AC/DC**, **Uriah Heep**, **Black Sabbath**, **KISS** oder den **Sex Pistols**. Als Art Rock bzw. Glam Rock oder Progressive Rock wurde die Musik von **Yes**, **Roxy Music**, **Genesis** (mit Frontmann Peter Gabriel) oder **David Bowie** bezeichnet [...]. In den Jahren 1974/75 kam der weltweite Durchbruch für die beiden Rock-Giganten **Pink Floyd** [Psychedelic Rock] und **Queen** [Pop Rock]. Zu den Pionieren und zugleich bedeutendsten Vertretern des Hard Rock zählen **Deep Purple** oder auch **Led Zeppelin** [...].

1980er-Jahre

Die so genannten Pop-Metal-Bands wie **Def Leppard** und **Bon Jovi** erreichte, in den 1980er-Jahren den Zenit ihres Erfolges; wobei nur die Band um Frontmann Jon Bon Jovi sich durch Weiterentwicklung ihrer Musik zum Stadion Rock ihre Fangemeinde bis in die heutige Zeit erhalten konnte. Der Londoner Heavy-Metal-DJ **Neal Kay** erfand die Musiksparte New Wave of British Heavy Metal, deren bekannteste Vertreter wohl **Motörhead**, **Iron Maiden** und **Judas Priest** sind. Zwischen Rock und Pop entstanden Bands wie **R.E.M.**, **U2** und **The Cure**.

© G.Light/fotolia.com

© Verlag an der Ruhr | Autoren: Kurt Schlegel, Jochen Stegmaier | ISBN 978-3-8346-0671-6 | www.verlagruhr.de

Stile, Geschichte und Vertreter 2/3

1990er-Jahre

Der Musikstil Grunge wurde in den 1990er-Jahren durch die Band **Nirvana** quasi über Nacht aus dem Untergrund heraus populär. Nach den musikalischen Experimenten der 1980er-Jahre mit hohem Einsatz elektronischer Geräte besann man sich zurück zur musikalisch simpleren Musik. Die **Smashing Pumpkins**, **Soundgarden** oder **Pearl Jam** trugen den Grunge weiter – auch lange nach dem Selbstmord von Nirvana-Sänger Kurt Cobain. Unter dem Einfluss der elektronischen Musik entwickelten sich Bands wie **Blur**, **Radiohead** oder **Nine Inch Nails** [...]. Weitere Vertreter, die in dieser Zeit Charterfolge feiern konnten, sind: **The Offspring**, **Green Day**, **Foo Fighters** [Alternative Rock], **Guns N' Roses**, **Soundgarden**, **blink-182**, die **Red Hot Chili Peppers** [Crossover/Funkrock] oder – wenn auch der Erfolg auf Deutschland begrenzt blieb – die Band **Fury In The Slaughterhouse** [Rock] aus Hannover.

silbermond

ab 2000

In der aktuellen Zeit erfährt Rock durch Bands wie **The Strokes**, **Babyshambles** [Indie-Rock] und **Franz Ferdinand** [Britpop] sowie **The White Stripes** [Alternativ Rock] ein Revival und weist teilweise klangliche Ähnlichkeiten zu den Titeln der späten 1960er-Jahre auf. In Deutschland führten Bands wie **Silbermond**, **Juli** und **Wir sind Helden** das musikalische Erbe der klassischen Deutschrock-Bands wie **Die Toten Hosen** und **Die Ärzte** fort – wobei diese selbst durch neue Veröffentlichungen Erfolge feiern konnten. Aber auch einige Urgesteine des Rock, wie **Bruce Springsteen** (mit der E-Street-Band) oder die **Eagles** [Country Rock], veröffentlichten neue Studioalben. Zu Anfang des neuen Jahrtausends standen Bands wie **Linkin Park** [Nu Metall], **Matchbox twenty** [Alternativ Rock] und **Nickelback** [Post Grunge] in den Charts und Bands der Musikrichtung **Neue Deutsche Härte** (NDH) wie **Rammstein** und **Oomph!** platzierten 2004 ihre Singles und Alben in den deutschen Verkaufs-TopTen.

(Quelle: www.omster.de/musiklexikon/rock-geschichte-und-vertreter_146.html)

© G.Light/fotolia.com

© Verlag an der Ruhr | Autoren: Kurt Schlegel, Jochen Stegmaier | ISBN 978-3-8346-0671-6 | www.verlagruhr.de

Rock

Stile, Geschichte und Vertreter 3/3

Aufgaben

1. Lest den Text, und löst in Partnerarbeit folgende Aufgaben:
   Ordnet die verschiedenen Bands und Interpreten den Stilen in der Tabelle zu. Findet für jeden Stil ein passendes Songbeispiel. (Tipp: Sucht im Internet nach Musiklexika, wie z.B. www.musicline.de/de/genre/lexikon/Rock)
2. Erstellt in Gruppenarbeit ein Porträt einer Band oder eines Solomusikers. Wie ist eure Meinung zu seinen Texten und der Musik? Verfasst dazu eine kurze E-Mail an die Band bzw. den Interpreten.

Entstehungszeit	**Stil**	**Bands**	**Songbeispiel**
1960	Beat		
	Rock		
	Latin Rock		
	Folk Rock		
1970	Hardrock		
	Heavy Metal		
	British Heavy Metal		
	Punk		
	Progressive Rock		
	Pop Rock		
	Psychedelic Rock		
	Country Rock		
1980	Pop-Metal Rock		
	Crossover		
1990	Grunge		
	Alternative Rock		
	New Wave		
ab 2000	Indie-Rock		
	Britpop		
	Deutsch-(Pop)Rock		
	Nu Metall		
	Post-Grunge		
	Neue Deutsche Härte		

© Verlag an der Ruhr | Autoren: Kurt Schlegel, Jochen Stegmaier | ISBN 978-3-8346-0671-6 | www.verlagruhr.de

Funk

Hauptsache Groove

Funk ist einerseits der Oberbegriff für eine **afroamerikanische Tanzmusik**, die Ende der 1960er-Jahre aus dem Soul und Jazz entstanden ist. Andererseits bezeichnet es eine **Spielweise**, bei der durch rhythmisch vertrackte Beats und kurze „bluesige" Melodien ein „abgedrehter" tanzbarer Sound entsteht. „Funky" bedeutet in der Umgangssprache „verrückt", „erdig", „schmutzig" oder auch „erregt". Erstmals bekannt wurde Funk als Stil 1965 durch James Brown mit seinem Song „Papa got a brand new bag". In den 1970er-Jahren war Funk als Musikstil besonders populär. Obwohl der Funk fast alle Musikstile nachhaltig beeinflusst hat, können sich viele wenig bis gar nichts darunter vorstellen.

Getragen wird Funk von den ________________ Basslinien, auf dem sich schließlich in den 1980er-Jahren eine eigene Spieltechnik entwickelte: das ________________. Die Saiten werden dabei nicht gezupft, sondern ________________ und ________________.

Der federnde Rhythmus des ________________ entsteht durch schnell gespielte ________________, die Betonung liegt häufig auf der ________________. Der ________________ Rhythmus von Schlagzeug und Bass erzeugen den treibenden ________________.

Die Keyboards werden meistens perkussiv gespielt. Scharf akzentuierte ________________ und kurze ________________ Gitarrenriffs in Verbindung mit einem ________________ betonten Gesang runden den Sound ab. ________________ und Drumloops prägen den heutigen Sound.

Aufgaben

1. Füllt den Lückentext oben aus. Überprüft eure Lösung mit Hilfe des Internets. (www.laut.de/lautwerk/funk/index.htm)

2. Charakterisiert die Stilrichtungen Funk, P-Funk – Funkrock (Crossover) – Fusion (Jazz-Funk) – Disco-Funk – Elektro-Funk (Hip-Hop). Legt euch dazu im Heft eine Tabelle an. (Informiert Euch im Internet. Tipp: http://de.wikipedia.org/wiki/Funk_(Musik) oder www.xtcidearecords.com/funk-music-records)

Stil	**Merkmale**	**Interpreten**	**Song**
1. Funk/P-Funk			
2. Funkrock (Crossover)			
3. Fusion (Jazz-Funk)			
4. Disco-Funk			
5. Elektro-Funk (Hip-Hop)			

3. Hört euch die folgenden Musiker und ihre Songs auf „YouTube" an, und ordnet sie jeweils einer passenden Stilrichtung zu. Stevie Wonder: Superstition, Kool and the Gang: Celebration, Jamiroquai: Cosmic Girl, Red Hot Chili Peppers: Aeroplan.

© Verlag an der Ruhr | Autoren: Kurt Schlegel, Jochen Stegmaier | ISBN 978-3-8346-0671-6 | www.verlagruhr.de

Wild Cherry: „Play that funky music“

© Konovalov Pavel/fotolia.com

Funk

Aufgaben

1. Singt die Melodie des Liedes. Erfindet funkige Bewegungen zur Musik.

2. Folgende Songteile kommen im Lied vor: Gitarrensolo – Strophe – Chorus – Interlude – Outro – Pre-Chorus – Intro. Wie ist der Song „Play that funky music“ aufgebaut? Tragt den Ablauf und die Taktzahl in eine Tabelle ein.

Songaufbau	
Intro	8 Takte

© Verlag an der Ruhr | Autoren: Kurt Schlegel, Jochen Stegmaier | ISBN 978-3-8346-0671-6 | www.verlagruhr.de

Dance it hot

Ska ist Ende der 1950er-Jahre auf Jamaika entstanden. Die **Tanzmusik** ist eine Mischung aus traditionellen jamaikanischen Rhythmen (vor allem Calypso), Soul und Jazz. Der Ausdruck „Ska" stammt der Legende nach von einem Gitarristen, der während einer Jam-Session anstatt dem Downbeat den Offbeat betonte, woraufhin ein Musiker lautmalerisch wiederholte: „Do again this ‚Ska'." 1964 landete die Sängerin Millies mit dem Song „My Boy Lollipop" zum ersten Mal einen Ska-Nummer-1-Hit. Nach 1970 wird Ska in England durch Bands wie Madness und The Specials, populär. Das neu gegründete Label „2-Tone" steht symbolisch für den Kampf gegen rassistische Spannungen zwischen Schwarzen und Weißen in der englischen Gesellschaft. Die zwei Farben im Karomuster werden zum Aushängeschild der gesamten Musikrichtung.

Ngobo Ngobo

In einem Blogeintrag erklärt ein Fan, was für ihn gute Ska-Musik ausmacht.

Hallo Ihr,
Musik ist Geschmackssache, finde ich jedenfalls. Musik, bei der ich sehr wählerisch bin, ist Ska-Musik. Es muss sich schon gut anhören. Eine klare Bassline, die nicht nur auf zwei Tönen herumhämmert, dann eine einprägsame, deutlich hörbare Melodie und am aller wichtigsten, eine vernünftige Begleitung.
Rhythmisch gesehen ist es beim Ska zum Beispiel so: Die Gitarre betont, anders als beim Rock 'n' Roll, die Schläge auf „und". Also Zählweise: 1 UND 2 UND 3 UND 4 UND. Dazu käme dann der Bass, der ein festes Schema spielt, das auf das Schlagzeug, vom Rhythmus her, abgestimmt ist. Bei einem Achtelschlagzeug (spielt die Bass-Drum auf 1, die Snare auf UND), würde der Bass jeden Schlag spielen. Bei einem typischen Ska-Schlagzeug spielt der Bass Viertel. Zählweise: 1, 2, 3, 4, da das typische Ska-Schlagzeug auch „nur" Viertel spielt. Damit Ska wirklich Ska ist, darf eines nicht fehlen: Die Blasinstrumente. Ska-typische Instrumente sind hier Trompete, Posaune und Saxophon. Diese Instrumente spielen der Melodie angepasst und betonen bestimmte Stellen in der Melodiespur, stören die Pausen, indem sie den Auftakt spielen, damit das Tempo nicht verloren geht, und setzen die Soli.

Tom

(Informationen nach: http://jakemit.spaces.live.com/blog/cns!918B6DCC47B98B72!475.entry)

Aufgaben

1. Woran erkennt man eine „gute" Ska-Musik? Lest den Blogbeitrag, und antwortet dem Schreiber. Notiert die wichtigsten Stichpunkte.

2. Verfasst selbst einen Blogbeitrag: Beschreibt darin Ska oder einen anderen Musikstil, den ihr toll findet.

3. Hört euch den Song „Message to you rudi" an (z.B. unter www.lastfm.de/music/The+Specials/_/A+Message+to+You+Rudy). Treffen die beschriebenen Merkmale zu?

© Verlag an der Ruhr | Autoren: Kurt Schlegel, Jochen Stegmaier | ISBN 978-3-8346-0671-6 | www.verlagruhr.de

Ska

© www.wikipedia.com

Grundlegender Jamaikanischer Ska:

Stehe aufrecht, und fange an, den Beat zu fühlen. Bleibe am Beat und beuge dich vorwärts, wobei du den Rücken gerade hältst und ein wenig in die Knie gehst. Wenn du dich runterbeugst, strecke beide Arme zur Seite aus. Dann richte dich auf und beuge dich wieder runter, kreuze dieses Mal die Arme jedoch vor dir. Richte dich wieder auf, und wiederhole die Bewegung. Wechsele immer, wenn du dich aufrichtest, die Position der Arme von der ersten in die zweite und umgekehrt.

Variationen:

Klassischer Skank

© www.wikipedia.com

Beuge dich nach vorne, aber nicht zu weit. Halte deine Arme und Beine locker. Dann beuge deine Ellenbogen, und balle die Fäuste. Versuche, so auszusehen, als ob du gleich losrennen willst. Stelle die Füße schulterbreit auseinander, und bewege einen Fuß etwas vorwärts. Versuche, so viel Fläche wie möglich in Anspruch zu nehmen, während deine Arme wie beim Laufen vor und zurück schwingen. Sobald dein rechter Arm vorschwingt, trittst du gleichzeitig mit dem linken Bein nach vorne und wenn der linke Arm dran ist, trittst du mit dem rechten Bein nach vorne.

Two-Tone Skank

Der Two-Tone Skank ist eigentlich fast dasselbe wie der klassische Skank, nur ein bisschen schneller. Hüpfe außerdem bei jedem Schritt hoch oder ein wenig zur Seite.

Steady Rock Easy

Bei Rocksteady musst du mehr auf die Haltung achten und die Arme und Beine ruhiger halten. Die wichtigsten Bewegungen kommen beim Rocksteady aus der Hüfte.

Skinhead Stomp

Füge ein bisschen mehr Macho-Gehabe (gilt auch für Mädchen!) beim Tanzen zum klassischen Skank hinzu, und schon hast du den Skinhead Stomp. Hebe die Stiefel hoch, und stampfe zu den schnelleren Rhythmen des frühen Reggae mit hoher Geschwindigkeit auf den Boden.

(Informationen nach: www.derdude-goes-ska.de/Skanking.htm)

Aufgaben

1. Seht euch das Skanking im Internet an, z.B. unter www.youtube.com/watch?v=PY4QAK_a0QY
   Probiert dann selbst, auf einen Skasong zu tanzen. Wenn ihr wollt, könnt ihr das Ganze auf Video oder Handy aufnehmen und hinterher gemeinsam ansehen.
2. Erfindet auf eure Lieblingsmusik selbst einen Tanz oder Tanzstil. Das kommt bei einer Schulaufführung bestimmt gut an.

© Verlag an der Ruhr | Autoren: Kurt Schlegel, Jochen Stegmaier | ISBN 978-3-8346-0671-6 | www.verlagruhr.de

„Play it cool“

Reggae entstand in den 1970er-Jahren auf Jamaika aus der Ska-Musik. Die Songs bewegen sich für viele Kritiker zwischen „Gute-Laune-Sound“ und „Protest gegenüber sozialer Unterdrückung“.
Der erste weltweite Reggae-Hit war „Israelites“ von Desmond Dekker.

Die Musik zeichnet sich aus durch:

- ein langsames Tempo, 4/4 Takt,
- Offbeat-Betonung bei Gitarre oder Keyboard bzw. Bläsern, die unbetonte zweite und vierte Taktzeit und einen fehlenden Schwerpunkt auf der Zählzeit „Eins“,
- den starken Einsatz von Effekten, wie Delay, Hall und Phaser bei Gitarre und Orgel,
- die Bandbesetzung: Gesang, Drumset, E-Bass, E-Gitarre, Keyboard, Blechbläser und Perkussion.

Die **Texte** der Songs machen Mut: Sie fordern die Befreiung der schwarzen Bevölkerung Jamaikas, Nordamerikas und Afrikas aus Armut und Unterdrückung. Dazu kommen Liebeslieder sowie Lieder mit religiös-spirituellen Inhalten.
Die Reggae-Musiker und ihre Anhänger, die **Rastafaries**, erkennt man vor allem an ihren Kopfhaaren, den Dreadlocks. Darüber hinaus tragen viele Musiker Mützen in der Farbkombination Rot, Gold (bzw. Gelb) und Grün.
Einer der wichtigsten Reggae-Musiker war **Bob Marley** (eigentlich Robert Nesta Marley, 06.02. 1945–11.05.1981). Er lebte in seiner Jugend in Trenchtown, einem Stadtteil der jamaikanischen Hauptstadt Kingston. Mit 16 Jahren brach er die Schule ab, wurde Mechaniker und gab diese Arbeit schließlich auf, um Musiker zu werden. Er besuchte einen Musikkurs und gründete anschließend mit drei Musikern die Band „The Wailers“.
Der Sänger, Gitarrist und Songschreiber machte den Reggae international bekannt und sorgte mit seinen Liedern dafür, dass sich die Botschaft der Rastafari-Bewegung auf der ganzen Welt verbreitete. Auch heute noch ist er eine Symbol- und Identifikationsfigur für seine Anhänger. Er inspirierte z.B. den berühmten Bluesgitarristen Eric Clapton zu der Reggae-Version des Songs „ I shot the sheriff“. Clapton landete mit dem Song einen Welthit. Marleys bekannteste Songs sind „No Woman, No Cry“, „Exodus“ und „Is This Love“. 1966 heiratete er seine Frau Rita, das Paar hatte 12 Kinder. Am 11. Mai 1981 starb der Musiker an Krebs, er wurde in seinem Heimatdorf in Jamaika beigesetzt.

© Bruno Henrique Baruta Barreto/wikipedia.com

Rastafari

Weitere berühmte Reggae-Musiker und ihre erfolgreichsten Titel:

- Peter Tosh: „Mama Africa“
- Jimmy Cliff: „You Can Get It If You Really Want“
- Desmond Dekkers: „Israelites“
- Ziggy Marley: „Love is my Religion“

Aufgabe

Was bedeutet der Begriff „Rastafari“? Sucht weitere Informationen darüber im Internet, und gestaltet einen kurzen Vortrag, ein Plakat oder eine Powerpoint-Präsentation. Geht dabei auf die Musik, Religion und Kultur der Rastafaries ein.

© Verlag an der Ruhr | Autoren: Kurt Schlegel, Jochen Stegmaier | ISBN 978-3-8346-0671-6 | www.verlagruhr.de

Reggae

Reggae-Rätsel

Waagerecht:

1. Wie heißt die religiöse Bewegung der Reggae-Musiker?
2. Wie hieß die Begleitband von Bob Marley?
3. Wie hieß Bob Marley mit seinem richtigen Vornamen?
4. Wie heißen die Strähnen und verfilzten Kopfhaare der Reggae-Musiker?
5. In welchem Land wurde er geboren?
6. Wie hieß der erste internationale Reggae-Hit?
7. In welchem Alter brach Bob Marley die Schule ab?

Senkrecht:

8. In welchem Stadtteil Kingstons verbrachte Bob Marley seine Jugend?
9. Wie alt war Bob Marley, als er starb?
10. Wie viele Kinder hatte er?
11. Welchen berühmten Blues-Gitarristen beeinflusste er bei dem Song „I shot the sheriff"?
12. Aus welchem Musikstil ist Reggae entstanden?
13. Welchen Beruf übte er aus, bevor er Musiker wurde?

© Verlag an der Ruhr | Autoren: Kurt Schlegel, Jochen Stegmaier | ISBN 978-3-8346-0671-6 | www.verlagruhr.de

Bob Marley: „No woman, no cry“ 1/2

Reggae

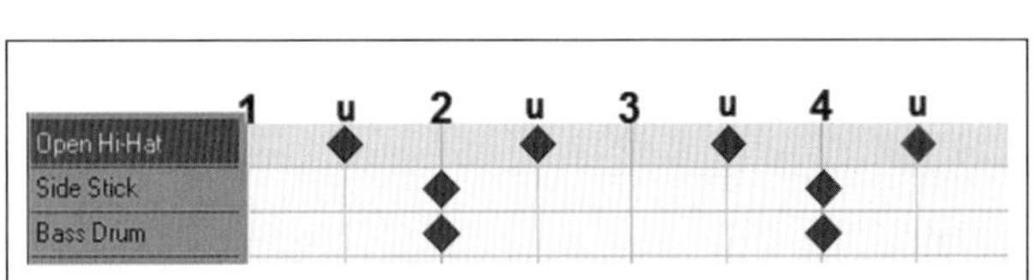

Schlagzeugpattern

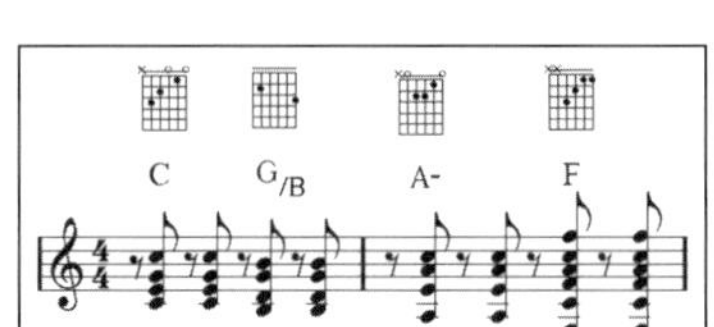

Gitarre Bridge

© Verlag an der Ruhr | Autoren: Kurt Schlegel, Jochen Stegmaier | ISBN 978-3-8346-0671-6 | www.verlagruhr.de

Bob Marley: „No woman, no cry" 2/2

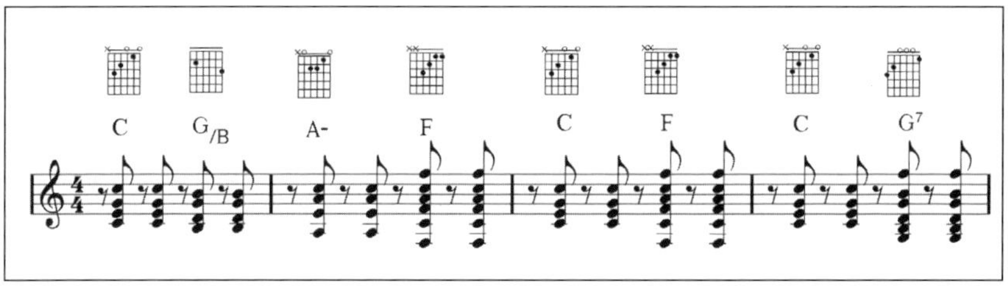

Gitarre Intro/Refrain/Strophe

No woman, no cry (4x)

Said I remember when we used to sit in the
government yard in Trenchtown
Oba, obaserving the hypocrites as they would
mingle with the good people we meet
Good friends we have, oh good friends we've
lost along the way
In this bright future you can't forget your
past. So dry your tears I say

No woman, no cry. No woman, no cry
Oh my Little sister, don't shed no tears
No woman, no cry

Said, said, said I remember when we used to
sit in the government yard in Trenchtown
And then Georgie would make the fire light,
log wood burnin' through the night
Then we would cook corn meal porridge of which
I'll share with you
My feet is my only carriage, so I've got to
push on through

But while I'm gone …
Everything's gonna be alright (4x)

No woman, no cry (3x)
Oh, little sister, don't shed no tears
No woman, no cry

No woman, no woman, no woman, no cry
No woman, no cry
Oh, my little darlin no shed no tears
No woman, no cry, yeah
any sister no shed no tears, no woman no cry

No woman no cry (3x)
Said, said, said I remember when we used to sit
in a government yard in Trenchtown
Oba, obaserving the hypocrites, as they would
mingle with the good people we meet
Good friends we have, oh, good friends we've lost
along the way
In this bright future you can't forget your
past. So dry your tears I say

(Wdh. Strophe 2)

Oh, while I'm gone

Everything's gonna be alright, everything's
gonna be alright …

Oh my Little darlin', don't shed no tears
No woman, no cry
Little sister, don't shed no tears
No woman, no cry

Aufgaben

1. Versucht gemeinsam, den Liedtext zu übersetzen: Was ist die Aussage des Liedes?
2. Vergleicht die beiden Übersetzungen des Liedtitels: „Keine Frau, keine Tränen" oder „Nein, Frau, weine nicht". Welche Übersetzung passt besser? Begründet eure Meinung.
3. Singt den Song „No woman, no cry", und übt das Reggae-Pattern und die Akkorde des Songs ein.

© Verlag an der Ruhr | Autoren: Kurt Schlegel, Jochen Stegmaier | ISBN 978-3-8346-0671-6 | www.verlagruhr.de

No Future 1/2

Mitte der 1970er-Jahre entstand der Punk. Kennzeichen sind minimale Instrumentierung – Gitarre, Bass, Schlagzeug und Gesang – einfache Kompositionen, „drei Akkorde", übersteuerte Gitarren, eine hohe Geschwindigkeit, rauer Gesang. Berühmte englische Bands waren die Sex Pistols und The Clash, in Deutschland sind vor allem Die Ärzte und die Toten Hosen bekannt.

In einem Interview erzählt ein deutscher Punkmusiker:

„Ich spielte Anfang der 1970er-Jahre in einer Rockband. Wir versuchten, Musik wie unsere großen Vorbilder zu machen: Pink Floyd oder Yes. Aber die hatten viel mehr Geld und ein tolles Equipment, das konnten wir mit unseren umgebauten Röhrenradios vergessen. Dann ging ich 1977 für ein Jahr nach London. Eines Tages lief ich durch die Charing Cross Road und sah, wie sie aus dem Marquee Club total zerdepperte Boxen schleppten. Auf den Boxen stand: *Sex Pistols.* Und am Abend ging ich dann in das Konzert der Band. Der Club war voller Leute, die hatten, anders als es damals Mode war, keine langen Haare und Hippie-Klamotten an, sondern kurze, selbst geschnittene Haare und Lederjacken aus dem Second-Hand-Laden. Einige hatten einen Irokesenschnitt. Ihre Klamotten waren voll mit Sicherheitsnadeln oder Nieten. Dazu tranken sie Bier und waren sehr aggressiv ... Als ich dann wieder nach Deutschland zurückging, schlug ich meiner Band vor, einfache, rockorientierte Musik zu machen, frei von der Leber weg und ohne viel Aufwand. So waren wir die erste Punkband in unserer Umgebung. Viele Konzerte konnten wir nicht geben, da den Leuten diese Musik damals nicht gefiel. Und wenn wir mal engagiert wurden, durften wir selten bis zum Ende spielen."

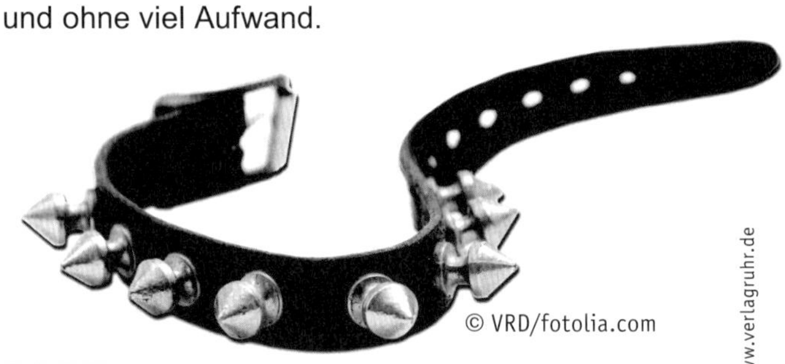

© VRD/fotolia.com

Aufgaben

1. Welche Punkbands kennt ihr? Tauscht euch in der Klasse über sie aus.
2. Beantwortet mit Hilfe des Interviews folgende Fragen:
   a) Was kann man über das Aussehen der Punks sagen?
   b) Beschreibt Eigenschaften der Punkmusik.
   c) Stellt Vermutungen an: Wie ist diese Musik entstanden?
3. Informiert euch über die politischen Hintergründe des Punks, sowohl in den USA und Großbritannien als auch in Deutschland. Recherchiert dazu im Internet (Stichworte: Ronald Reagan, Häuserbesetzung, Anti-Atomkraft, Arbeitslosigkeit).
4. Hört euch den Song „Anarchy in the UK" von den Sex Pistols an (Ausschnitte z.B. unter www.musicline.de oder www.musicload.de), den Text findet ihr auf verschiedenen Songtextseiten im Internet. Übersetzt den Text: Was ist die Aussage? Was haltet ihr von diesem Text?
5. Gefällt euch diese Musikrichtung? Diskutiert in der Klasse darüber.

© Verlag an der Ruhr | Autoren: Kurt Schlegel, Jochen Stegmaier | ISBN 978-3-8346-0671-6 | www.verlagruhr.de

Punk

❍ Teures Equipment ❍

❍ Rhythmuswechsel ❍

❍ Gesangsmelodien ❍

❍ Akkordwechsel ❍

❍ Verzerrte E-Gitarren ❍

❍ Einfacher Sound ❍

❍ Wenig Akkordwechsel ❍

❍ Schreiender Gesang ❍

❍ Komplizierte Songs ❍

❍ Einsatz von Orchestermusik ❍

❍ Schneller, einfacher Rhythmus ❍

Aufgaben

6. Ordnet durch Pfeile die Begriffe dem Punk oder dem Hippie zu.

7. Spielt selbst einen Punksong:

Schlagzeug	1	2	3	4	1	2	3	4
Snare Drum:				•				•
Bass Drum:	•	•	•		•	•	•	
Bass:	A A	A A	A A	A A	A A	A A	D	D
Gitarre:	A A	A A	A A	A A	A A	A A	D D	D D

a) Übt zuerst das Schlagzeug – es ist einfacher, als es aussieht: dreimal Bassdrum, einmal Snaredrum und das immer wieder (ihr könnt die Instrumente auch auf verschiedene Schüler aufteilen).
b) Setzt dann mit dem Bass ein: zwölfmal A und zweimal D.
c) Zum Schluss kommt die Gitarre dazu: zwölfmal A und viermal D. Natürlich können die Stimmen auch von anderen Instrumenten gespielt werden.

8. Schreibt einen Text dazu; setzt dabei um, was ihr über Punk-Texte wisst.

© Verlag an der Ruhr | Autoren: Kurt Schlegel, Jochen Stegmaier | ISBN 978-3-8346-0671-6 | www.verlagruhr.de

Techno hören

Aufgaben

1. Hört euch den Song „Melancholy" von www.am-techno.de/songs.htm an, und vergleicht mit der Grafik.

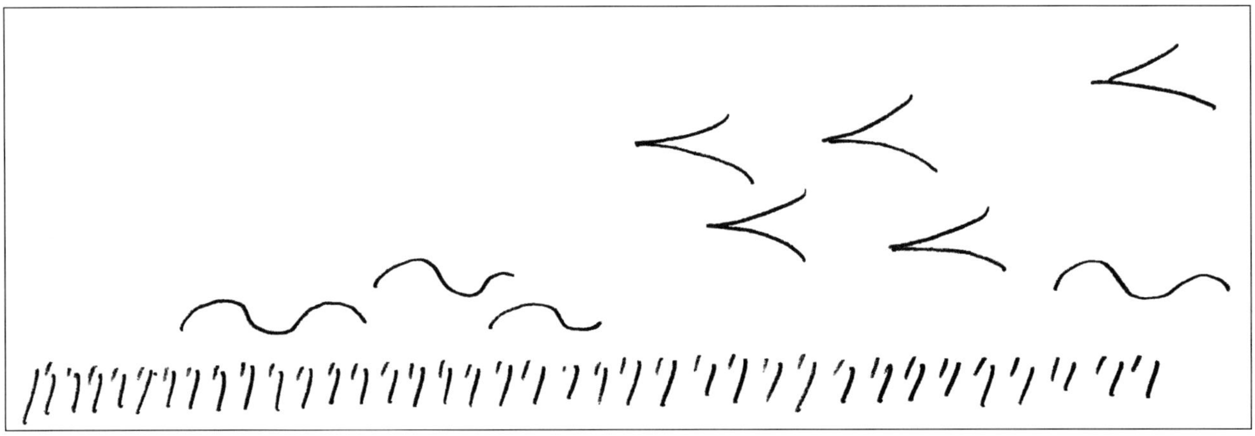

2. Welches Instrument ist in der unteren Reihe grafisch notiert?

3. Setzt die Grafik für den Rest des Tracks fort.

4. Untersucht den Song. Kreuzt an, welche Aussagen stimmen.
   - ❑ Der Text ist interessant.
   - ❑ Es gibt keine Strophe und keinen Refrain.
   - ❑ Die Musik ist sehr abwechslungsreich.
   - ❑ Die Gitarre ist toll gespielt.
   - ❑ Es werden nur elektronische Instrumente verwendet.
   - ❑ Klangfarben sind wichtig.
   - ❑ Man kann darauf gut tanzen.
   - ❑ Der Rhythmus und die Sounds stehen im Vordergrund.
   - ❑ Die Melodie steht im Vordergrund.
   - ❑ Es gibt viele Harmoniewechsel.
   - ❑ Techno wird nur mit den neusten Instrumenten gespielt.

5. Verwendet die Ergebnisse von Aufgabe 4, und stellt eine Definition von Techno auf. Hört euch dazu auch noch weitere Hörbeispiele von www.am-techno.de an.

6. **a)** Erstellt eine Tabelle: Welche Varianten von Techno gibt es? Welches sind ihre Stilmerkmale?

   b) Informiert euch im Internet über die Geschichte des Techno. Schreibt einen kurzen Text in das Heft, in dem ihr erzählt, wie diese Musikrichtung entstanden ist.

Tipp:
Schaut nach unter www.techno.de/news/specials/technokultur/history-of-techno/techno.html oder unter www.wikipedia.de

© Verlag an der Ruhr | Autoren: Kurt Schlegel, Jochen Stegmaier | ISBN 978-3-8346-0671-6 | www.verlagruhr.de

Techno

Techno machen

Mit Techno fand eine „Demokratisierung" der Musikproduktion statt, d.h. zum ersten Mal war es möglich, das jemand, der kein teures Equipment oder eine musikalische Ausbildung hat, Musik machen konnte. Die einzigen Dinge, die man brauchte, waren musikalische Fantasie und einen Computer mit Soundkarte.

EMS VC23 (1969) 4000 Euro

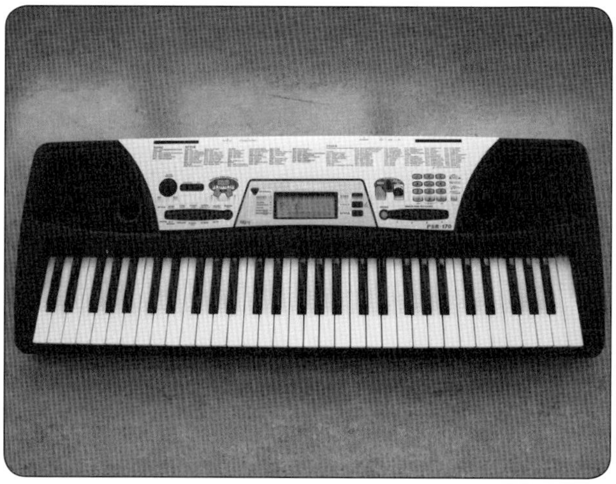

Yamaha Keyboard (2005) 100 Euro

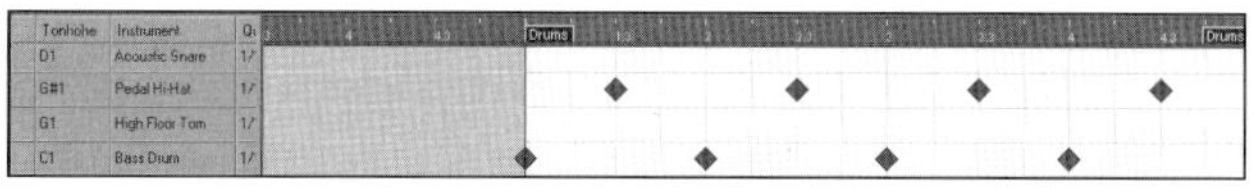

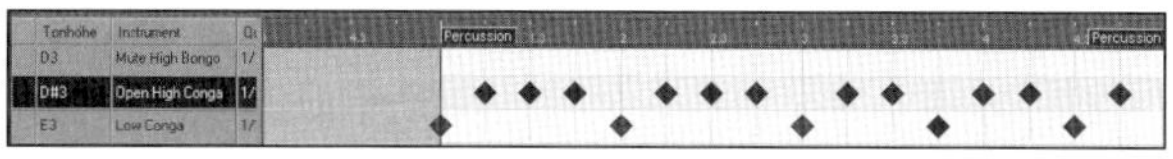

Aufgaben

1. Vergleicht die beiden Synthesizer auf den Bildern. Mit welchem wird Techno produziert? Schaut euch die Preise an. Stellt Vermutungen an: Wieso ist der ältere Synthesizer teurer?

2. Erstellt selbst einen Techno-Song:

a) Übt zuerst die Drums.
b) Übt Bass und Orgel. Achtung: Beide setzen nicht auf Zählzeit eins ein.
c) Spielt Drums, Bass und Orgel.
d) Übt jetzt die Percussion und spielt sie zum Song dazu.
e) Überlegt euch ein Arrangement: Wann sollen welche Pattern gespielt werden?

Arrangiert den Techno-Song mit dem Computer:

a) Öffnet das MIDI-File mit einem Sequenzerprogamm (z.B. Cubase LE oder Magix Music Maker, fragt euren Musiklehrer, welches ihr in der Schule benutzt MIDI-File download: www.verlagruhr.de/punk-bis-triphop).
b) Arrangiert euren Song durch „kopieren" und „einfügen".
c) Ändert danach den Klang der Instrumente.
d) Mischt euren eigenen Mix, indem ihr verschiedene Effekte auf die Spuren legt.
e) Stellt euren Track der Klasse vor.

© Verlag an der Ruhr | Autoren: Kurt Schlegel, Jochen Stegmaier | ISBN 978-3-8346-0671-6 | www.verlagruhr.de

Techno-Stile – Techno-Radio

Unter www.technoguide.de könnt ihr euch unter der Rubrik „Techno-Radio" verschiedene Sender als Internet-Streams anhören.

Stil	**Definition**	**Radiosender**
Techno	Oberbegriff für elektronische, tanzbare Musik	
Trance	Kommt fast ohne Beats aus, schwebende Klänge werden mit Naturgeräuschen verbunden	
Ambient	Lebt von monotonen Wiederholungen von Rhythmen und Tonfolgen	
Drum and Bass	Eine schnelle, rhythmisch komplizierte Variante; jazzige, ultratiefe Basstöne	
Hardcore/Gabber	Tanzbarer Rhythmus, Soulgesang, Gesangsamples	
House	Eine harte, schnelle und aggressive Stilrichtung des Techno; bewegt sich in einem Tempo ab ungefähr 160 BPM	

Aufgaben

1. Ordnet die Stile den richtigen Definitionen mit Pfeilen zu.
2. Tragt die Sender, die bei Techno Guide für diese Richtung angegeben werden, in die Tabelle ein. Hört euch einige der Sender an.
3. Stellt selbst in Gruppen eine Radiosendung zusammen:
   - Welche Musikbeiträge wollt ihr verwenden?
   - Wie werden die Musikbeiträge anmoderiert (angesagt)?
   - Sollen auch noch Reportagen oder Nachrichten dazu?

   Wenn ihr das alles besprochen habt, könnt ihr mit dem Programm Audacity (www.audacity.de). eine eigene Sendung zusammenstellen (eine Anleitung zu dem Programm findet ihr unter www.mediaculture-online.de/fileadmin/handouts/audacity_kurzanleitung.pdf) Vielleicht erlaubt euch der Schulleiter ein Pausenradio, dann könnt ihr über die Schulanlage oder über die Musikanlage der Aula, Halle o.Ä. eure eigene Radiosendung laufen lassen.

© Verlag an der Ruhr | Autoren: Kurt Schlegel, Jochen Stegmaier | ISBN 978-3-8346-0671-6 | www.verlagruhr.de

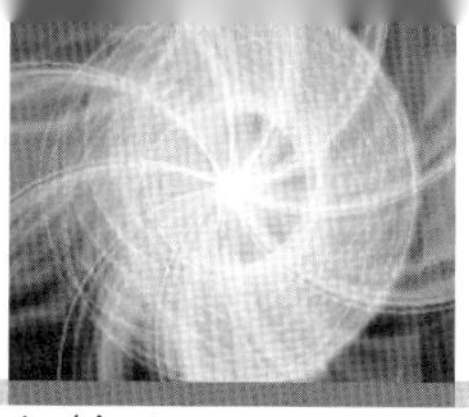

Elektronische Meditationsmusik

Aufgaben

1. Hört euch ein Ambient-Stück an, z.B. unter www.spcs.at/kunst4life/ambient-art-lounge/session_15.php
Sprecht darüber: Was fällt euch zur Musik ein?

2. Unterstreicht die passenden Begriffe zu der Musik:
ruhig – hektisch – meditativ – schwebende Klänge – Science-Fiction – chaotisch – Tanzmusik – relaxed. Diskutiert in der Klasse eure Auswahl.

3. a) Vergleicht die drei verschiedenen Definitionen: Welche findet ihr am treffendsten?

Ambient music is a style that focuses on sound and space rather than melody and form. It is music that is intentionally created to be used both as background music and as music to listen to. It usually features slowly evolving sounds, repetition, and is relatively static.

(Quelle: www.synthopia.com)

Ambient ist eine Variante der elektronischen Musik, bei der sphärische, sanfte, langgezogene und warme Klänge dominieren. Rhythmus und Perkussion stehen bei der klassischen Ambient-Musik im Hintergrund oder sind überhaupt nicht vorhanden.

(Quelle: www.wikipedia.de)

Ambient ist alles, was dahinklimpert, dahinrauscht, dahingleitet; Ambient ist elektronische Meditationsmusik!

(Quelle: www.laut.de)

b) Erstellt gemeinsam eine eigene Definition der Musikrichtung.

4. Gestaltet eine Fantasiereise zu dieser Musik:
Überlegt euch einen passenden Fantasietext, und schreibt ihn auf: Es kann eine Geschichte sein, die Beschreibung einer Landschaft, die Schilderung eines Gefühls usw. Setzt euch bequem hin, wenn ihr wollt, könnt ihr den Kopf auf den Tisch legen, schließt die Augen, achtet auf euren Atem: Atmet ruhig ein und aus. Lasst nun die Musik laufen – einer liest seinen Text dazu.
Wenn die Reise beendet ist, sprecht über eure Erfahrungen: Hat der Text eurer Meinung nach zur Musik gepasst? Was habt ihr bei der Fantasiereise erlebt?

5. Hört nochmals die Musik an. Setzt dabei eure Kopfbilder in echte Zeichnungen um. Oder ihr arbeitet am Computer: Mit einem Bildbearbeitungsprogramm kann man z.B. mit der Funktion „Filter" Bilder, Fotos usw. verändern. Stellt eure Bearbeitungen mit passender Ambient-Musik in einer Präsentation zusammen.

6. Gestaltet mit den Bildern von Aufgabe 5 eine Bilderwand im Klassenzimmer.

© Verlag an der Ruhr | Autoren: Kurt Schlegel, Jochen Stegmaier | ISBN 978-3-8346-0671-6 | www.verlagruhr.de

Gestalten einer Ambient-Musik 1/2

Mit einer Ambient-Musik lassen sich sehr gut Raumexperimente gestalten: Der weiche Sound und die unkomplizierten Stimmen eignen sich auch zur Gestaltung eigener Arrangements.

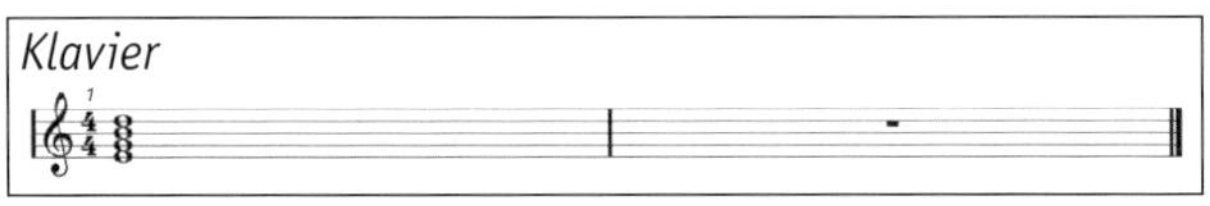

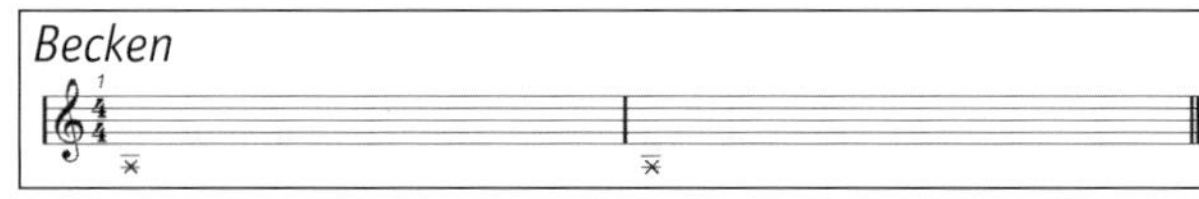

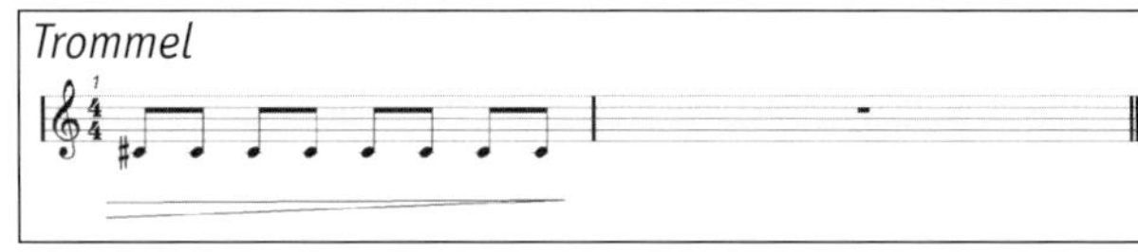

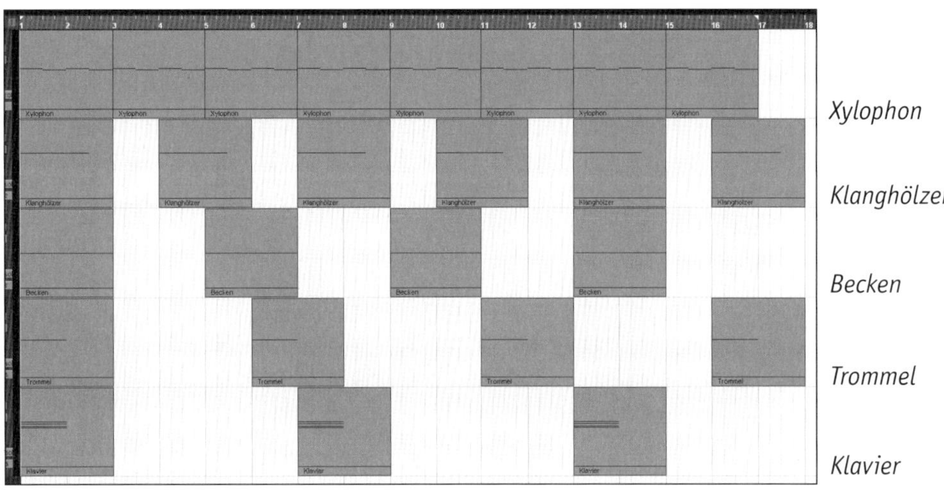

Einsatzschema der Instrumente

Aufgaben

1. Verteilt euch auf die verschiedenen Instrumente. Übt zunächst abwechselnd die einzelnen Teile. Achtet dabei auch auf die Dynamik.
2. Spielt das Stück in der Reihenfolge wie oben im Schema angegeben.
3. Übt nun das Zusammenspiel: Setzt mit den Instrumenten nacheinander ein. Beginnt mit dem Xylophon, im nächsten Takt folgt das Becken, dann die Klanghölzer usw. Die einzelnen Stimmen spielen immer weiter.
4. Gestaltet mit diesem Stück ein Raumarrangement:
   - **a)** Stellt die Instrumentengruppen im Raum auf (siehe Seite 2).
   - **b)** Spielt zuerst nacheinander und nach ein paar Runden zusammen.
   - **c)** Zum Schluss könnt ihr dann mit unterschiedlichen Pausen arbeiten, wie sie im Schema angegeben sind. Das solltet ihr aber mit einem Dirigenten (kann auch ein Schüler sein) probieren, der den einzelnen Instrumenten die Einsätze gibt.
5. Erarbeitet in Gruppen eine eigene Ambient-Musik, und stellt sie der Klasse vor. Ihr könnt euch dabei auch überlegen, ob ihr noch andere Instrumente verwenden wollt. Beachtet aber, dass der Ambient-Klang erhalten bleibt!

© Verlag an der Ruhr | Autoren: Kurt Schlegel, Jochen Stegmaier | ISBN 978-3-8346-0671-6 | www.verlagruhr.de

© Verlag an der Ruhr | Autoren: Kurt Schlegel, Jochen Stegmaier | ISBN 978-3-8346-0671-6 | www.verlagruhr.de

Raumarrangement

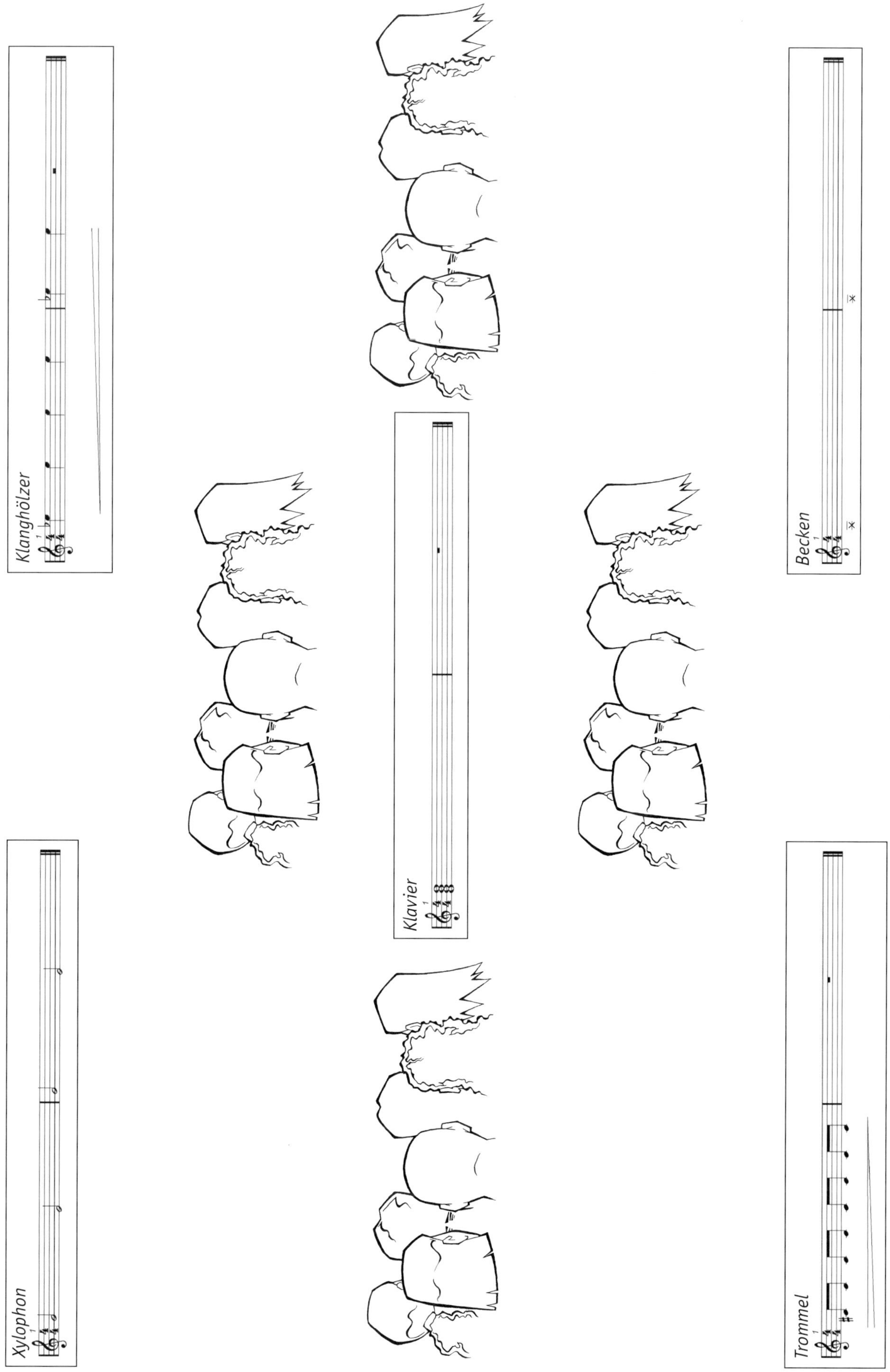

Man singt deutsch

Ich wollte einfach ein Lied singen und kam an einen Punkt, wo ich nichts mehr singen konnte. Also musste ich das schreiben, was ich singen wollte, weil sonst niemand schrieb, was ich wollte.

Bob Dylan (amerikanischer Folksänger, *1941)

Gut an der Musik ist, dass man Dinge, die an sich begrenzten Unterhaltungswert haben, damit wunderbar verpacken kann.

Judith Holofernes (Sängerin der Band „Wir sind Helden", *1976)

Wenn ich ein Lied schreibe, ist der Text am unwichtigsten. Ich kann zwei oder drei unterschiedliche Themenbereiche in einem Song abdecken, und manchmal hat der Titel überhaupt keine Bedeutung.

Kurt Cobain (Sänger der Band „Nirvana", 1967–1994)

Judith Holofernes

Aufgaben

1. Vergleicht die drei Meinungen zu Text und Musik, die in den Zitaten deutlich werden. Beantwortet dazu zuerst folgende Fragen mit eigenen Worten:
   a) Wieso hat Bob Dylan angefangen, eigene Lieder zu schreiben?
   b) Welchen Stellenwert hat der Text bei Kurt Cobain?
   c) Was ist für Judith Holofernes der Vorteil von Musik?

2. Besorgt euch einen Popsong mit deutschem Text (die Texte findet ihr im Internet auf Songtextseiten, auf der Homepage einer Gruppe, in Musikmagazinen usw.).
   a) Lest gemeinsam einen Text, und fasst ihn mit eigenen Worten zusammen.
   b) Hört nun die Musik dazu. Was hat der Komponist sich wohl zuerst ausgedacht: die Musik oder den Text? Begründet eure Vermutungen.
   c) Was hat der Künstler unternommen, damit Musik und Text zusammenpassen? Musste er dafür in Kauf nehmen, dass eins von beidem nun nicht mehr stimmig ist?
   d) Macht es Sinn, diesen Text auf Deutsch zu hören, oder wäre das Lied in Englisch genauso gut? Diskutiert darüber.

3. Arbeitet kreativ mit dem Text, ihr könnt z.B.:
- den Textinhalt spielen,
- ein Bild dazu malen,
- eine neue Strophe dazudichten oder
- einen eigenen Text zum selben Thema schreiben.

4. Schreibt einen eigenen Song mit deutschem Text. Benutzt dazu den Aufbau, den Kurt Cobain in einem Interview für seine Songs angegeben hat: „Ich würde meine neuen Songs als Popsongs bezeichnen, da sie im Standard-Pop-Format geschrieben sind: Strophe, Refrain, Strophe, Refrain, Solo, schlechtes Solo."

© Verlag an der Ruhr | Autoren: Kurt Schlegel, Jochen Stegmaier | ISBN 978-3-8346-0671-6 | www.verlagruhr.de

Deutsche Popmusik – Entwicklung 1/2

Deutschpop

Es war eine Musikrichtung, die nur in Deutsch gesungen wurde. Die Texte waren sehr einfach, und es ging immer nur um Liebe. Musikalisch entlieh man sich die Ideen aus anderen Musikrichtungen – Hauptsache, es war ein Ohrwurm, und er verkaufte sich gut.

Chris Roberts, Wenke Myhre, Freddy Quinn

Zum ersten Mal lösten sich die deutschen Bands musikalisch von ihren Vorbildern und entwickelten einen eigenen Musikstil.

Nena, Trio, Extrabreit, Fehlfarben, Einstürzende Neubauten, Nina Hagen

Die Bands spielten Musik ihrer Vorbilder nach, übersetzten aber die Texte ins Deutsche.

Drafi Deutscher

Diese Musik war tanzbar und wurde rein elektronisch produziert. Die Anhänger trafen sich zu großen Events und feierten, z.B. auf der Love Parade oder beim Mayday. Sie hatte wichtige Produzenten, die aus Deutschland kamen.

Sven Väth, Westbam

Musiker komponierten Lieder, bei denen der Text sehr wichtig war. Die Texte sind zum Teil gleichzeitig Gedichte.

Wir sind Helden, Tocotronic, Sportfreunde Stiller

Bands spielten Musik, die nur elektronisch produziert wurde.

Kraftwerk, Yello (Schweiz)

Die Lieder wurden nur mit Gitarre begleitet, und der Text stand ganz im Vordergrund.

Reinhard Mey, Hannes Wader

Bands spielten die Hits aus Amerika und England nach. Die Popmusik in Deutsch gab es nicht.

Rattles, Wonderland, The Lords

Nachdem es lange Zeit nicht für möglich gehalten wurde, gelang es den Bands, auf Deutsch zu rappen.

Die Fantastischen Vier, Freundeskreis, Jan Delay

Es gab zum ersten Mal Bands, die nur Deutsch sangen. Die Musik war häufig auch politisch orientiert.

Udo Lindenberg, Puhdys, Rumpelstilz (Schweiz), Wolfgang Ambros (Österreich), Ton – Steine – Scherben

© Verlag an der Ruhr | Autoren: Kurt Schlegel, Jochen Stegmaier | ISBN 978-3-8346-0671-6 | www.verlagruhr.de

Deutsche Popmusik – Entwicklung 2/2

Anfang der 1960er-Jahre *Coverversionen englischer Hits*	Ende der 1960er-Jahre *deutsche Coverversionen englischer Hits*
Ab 2000 *Deutschpop*	In den 1970er-Jahren *Deutschrock*
Seit den 1980er-Jahren *deutscher Hip-Hop*	In den 1990er-Jahren *Techno, Trance*
Anfang der 1970er-Jahre *Liedermacher*	In den 1980er-Jahren *Electro, Elektropop*
In den 1950er-Jahren *Schlager*	Ende der 1970er-Jahre/ Anfang der 1980er-Jahre *Neue Deutsche Welle*

Aufgaben

1. Ordnet die Jahre/Stilrichtungen den musikalischen Entwicklungen zu, indem ihr die einzelnen Kästen ausschneidet und in der richtigen Kombination in euer Heft klebt (mit den 1950er-Jahren beginnend).

2. Besorgt euch Musik von einigen der genannten Bands, und erstellt eine Klassenhitparade: Hört euch die Titel an, und klärt in geheimer Abstimmung, welche Bands euch am besten gefallen. Welche Musik, welche Band, welche Musikrichtung kommt besonders gut an? Diskutiert darüber, warum bestimmte Stile wohl besser bei euch ankommen als andere.

3. Überlegt gemeinsam: Bei welchen Richtungen macht es besonders Sinn, die Lieder auf Deutsch zu hören? Bei welchen ist es weniger wichtig? Begründet eure Meinung.

© Verlag an der Ruhr | Autoren: Kurt Schlegel, Jochen Stegmaier | ISBN 978-3-8346-0671-6 | www.verlagruhr.de

Die Fantastischen Vier

Hip-Hop kommt ursprünglich aus Amerika. Lange Zeit hatte niemand gedacht, dass man auch auf Deutsch rappen kann, deutsche Texte galten als altmodisch und „uncool". Die „Fantastischen Vier" aus Stuttgart waren die Ersten, die sich das trotzdem zutrauten, und wurden damit eine der berühmtesten deutschen Hip-Hop-Bands.

Aufgaben

1. Informiert euch z.B. im Internet über die „Fantastischen Vier". Was ist das Besondere an ihnen?

2. Hört (oder seht) euch den Song „Die Da" von den „Fantastischen Vier" an (z.B. unter www.diefantastischenvier.de → Media → Videoclips).

a) Wie wichtig ist die Musik, wie wichtig der Text? Vergleicht dazu den Song mit anderen Musikstilen, z.B. mit Techno.

b) Beschreibt die Musik: Wie wurde sie produziert?

c) Schreibt die Geschichte des Textes in eigenen Worten auf. Spielt die Geschichte zum Lied als Rollenspiel nach. Unterlegt eure Szene auch mit passender Musik.

Tipp:
Um den Text besser zu verstehen, könnt ihr ihn auch im Internet suchen: z.B. unter www.mp3lyrics.org

3. Bei www.rap.de gibt es Hip-Hop von verschiedenen unbekannten Gruppen zu hören. Untersucht eines der Lieder (Musik, Text, Information über die Gruppe, Bilder), und erstellt eine Präsentation, die ihr der Klasse vorstellt.

4. Macht nun selbst ein Hip-Hop-Stück:

a) Ladet die „Hammerhead Rhythm Station" aus dem Internet herunter (www.threechords.com/hammerhead), sofern das Programm nicht schon auf euren Schulrechnern installiert ist.

b) Erstellt damit einen Hip-Hop Rhythmus, nicht zu schnell, ca. 80–90 bpm.

c) Erfindet einen Rap (Sprechtext) dazu.

d) Führt die verschiedenen Hip-Hop-Stücke in der Klasse auf, und macht eine Casting-Show. Wer hat den besten Rap komponiert?

e) Überlegt euch einen Tanz dazu.

© Verlag an der Ruhr | Autoren: Kurt Schlegel, Jochen Stegmaier | ISBN 978-3-8346-0671-6 | www.verlagruhr.de

Aphilas: „Lifelong fiction“

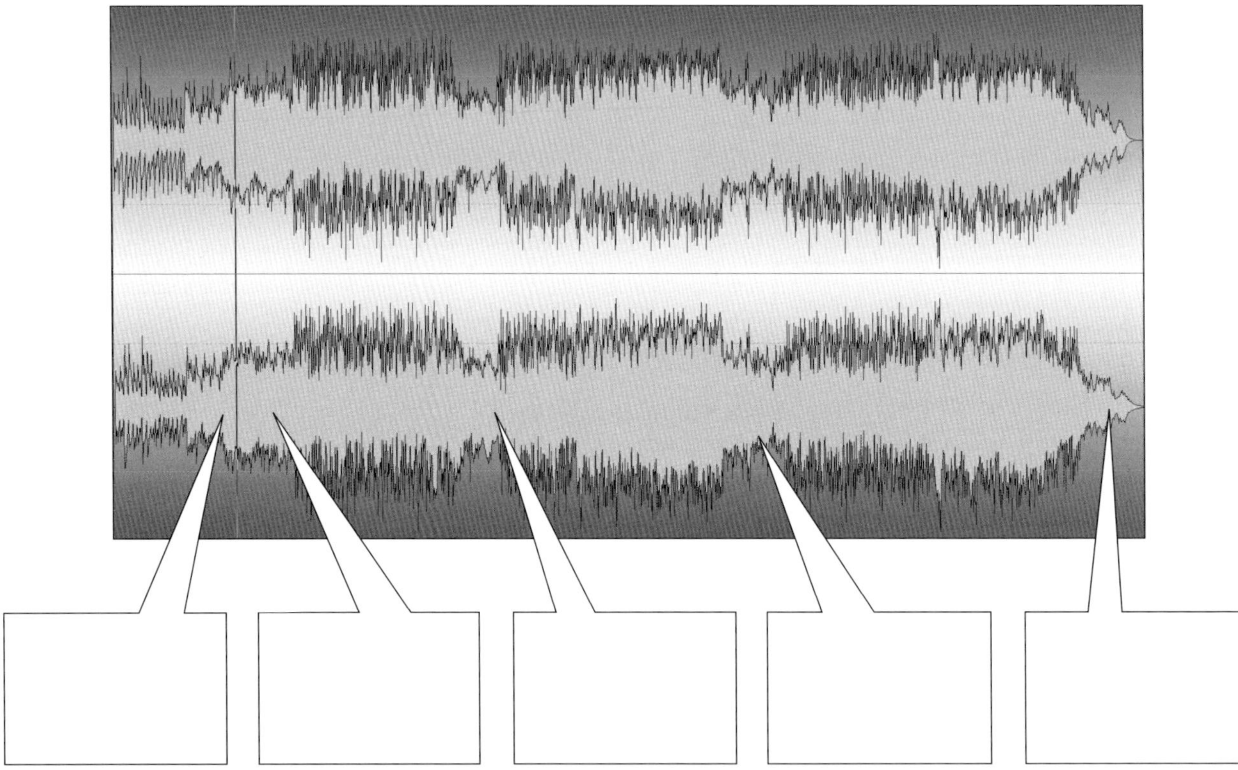

Anfang der 1990er-Jahre entwickelte sich eine elektronische Musikrichtung, die den Beat aus dem Hip-Hop verwendete, aber langsamer und melancholischer war. Es war eine Musik zum Relaxen und Chillen, weniger zum Tanzen.

Aufgaben

1. Ladet euch den Track „Lifelong fiction“ von Aphilas herunter (www.archive.org/details/mia049), oder seht euch das Video auf YouTube® an.

2. Analysiert den Track: Wie ist das Tempo? Welche Instrumente werden verwendet?

3. Verfolgt den Song anhand der Wellenform-Grafik. Was passiert an den angegebenen Stellen? Tragt eure Vermutungen in Stichwörtern in die Kästchen ein.

4. Wie ist der Aufbau des Tracks? Bestimmt 5 Teile (siehe auch Grafik).

5. a) Überlegt: Wieso heißt diese Musik Trip-Hop?
b) Welche Elemente sind in diesem Track „Trip“ welche „Hop“?

Trip: ______________________________

Hop: ______________________________

6. Informiert euch: Welches sind bekannte Trip Hop-Künstler?

© Verlag an der Ruhr | Autoren: Kurt Schlegel, Jochen Stegmaier | ISBN 978-3-8346-0671-6 | www.verlagruhr.de

Musikgleichungen

Trip Hop

Wie beim Trip-Hop erfinden Musiker oft nicht eine ganz neue Musik, sondern sie kombinieren schon vorhandene Musikstile zu einem neuen.

1	Trip	+		=	Trip Hop
	Pink Floyd		Eminem		
2	Klassik	+		=	Klassik-Rock
			Rolling Stones		Ekseption
3	Gospel/Blues	+	Country Western	=	Rock 'n' Roll
	Muddy Waters		Johnny Cash		
4	Deutsche Texte	+	New Wave	=	Neue Deutsche Welle
	Reinhard Mey		Police		
5		+		=	
6		+		=	

Aufgaben

1. Füllt die Lücken in den Musikgleichungen aus.
2. Informiert euch über eine der Gleichungen, und sucht Musikbeispiele.
3. Welche Musikrichtungen würdest du als Musiker kombinieren? Mache Vorschläge, wie diese Musik klingen könnte (Gleichungen 5 und 6).

© Verlag an der Ruhr | Autoren: Kurt Schlegel, Jochen Stegmaier | ISBN 978-3-8346-0671-6 | www.verlagruhr.de

„Say it loud, I'm black and proud" (S. 5)

1. Rundgesängen – Chorgesängen – Bluenotes – Groove – Gospel – gefühlsbetont – Balladen – Motown-Stücken – Atlantic – Hip-Hop

2. a) Gesang mit Chor, Piano, Orgel, Bass, Gitarre, Schlagzeug, Bläsersatz: Trompete, Saxophon, Posaune,

b) Memphis-Soul, Harlem-Soul, Motown (Detroit), Philissound (Philadelphia), Discosound

c) Rundgesänge, Solo und Chorgesänge im Wechsel, Bluenotes, durchgehender, treibender Groove, einfache Akkorde, Songs von Balladen bis zu schnellen Motown-Stücken

Ray Charles: „Hit the Road, Jack" (S. 6)

Übersetzung:
Sie: Hau ab, Jack und komm ja nicht zurück
nie wieder, nie wieder, nie wieder, nie wieder
Hau ab, Jack und komm ja nicht wieder zurück
Hau ab, Jack und komm ja nicht zurück
nie wieder, nie wieder, nie wieder, nie wieder
Hau ab, Jack und komm ja nicht wieder zurück
Er: Wau Frau, oh Frau, behandle mich nicht so gemein
Du bist die gemeinste alte Frau, die ich je getroffen habe
Ich schätze, wenn du das sagst
werde ich meine Sachen packen und gehen müssen
Er: Jetzt Baby, hör zu Baby, behandle mich nicht so
Denn eines Tages komme ich wieder auf die Füße
Sie: Ist mir egal, wenn du's schaffst, weil ich verstehe, dass du kein Geld hast,
du bist einfach zu nichts nütze
Er: Na, ich schätze, wenn du das sagst
werde ich meine Sachen packen und gehen müssen

Rockband-Rätsel (S. 7)

Beatles – Rolling Stones – Bruce Springsteen – Santana – Deep Purple – Led Zeppelin – Kiss – Uriah Heep – AC/DC – Guns N' Roses – Black Sabbath – Motörhead – Iron Maiden – Judas Priest – Iggy Pop – Sex Pistols – Offspring – Greenday – Blink 182 – Yes – Roxy Music – Genesis – David Bowie – Jimmy Hendrix – REM – U2 – The Cure – Pink Floyd – Eagles – Bon Jovi – Nirvana – Blur – Radiohead – Pearl Jam – Nine Inch Nails – Soundgarden – Foo Fighters – matchbox twenty – White Stripes – Red Hot Chilli Peppers – The Strokes – Babyshambles – Franz Ferdinand – Fury In The Slaughterhouse – Silbermond – Juli – Wir sind Helden – Toten Hosen – Die Ärzte – Linking Park – Nickelback – Rammstein – Oomph

Stile, Geschichte und Vertreter (S. 11)

1960:
Beat – Beatles – All You Need Is Love; **Rock** – Rolling Stones, Bruce Springsteen – Satisfaction, Born in the USA; **Latin Rock** – Santana – Oye como Va; **Folk-Rock** – Bob Dylan – Don't think twice

1970:
Hardrock – Deep Purple, Led Zeppelin, Uriah Heep, AC/DC, Guns N' Roses – Highway Star, Stairway to heaven, Lady in black, Highway to hell, November rain; **Heavy Metall** – Black Sabbath – Paranoid; **British Heavy Metal** – Motörhead, Judas Priest – Can I play with madness, Living after midnight; **Punk** – Iggy Pop, Sex Pistols, The Offspring – Real Wild Child (wild One), Anarchy in the UK, Pretty fly (for a white guy); **Progressive Rock** (Art-Rock) – Yes, Roxy Music, Genesis, David Bowie – Heart of the sunrise, Purple haze, Mama, China girl
Pop Rock – REM, U2, The Cure – Losing my religion, With or without you; **Psychedelic Rock** – Pink Floyd – Shine on You Crazy Diamond; **Country Rock** – Eagles – Hotel California

1980:
Pop-Metal Rock – Bon Jovi – Keep the Faith

1990:
Grunge – Nirvana, Blur, Radiohead, Pearl Jam, Soundgarden – Come as You Are, Karma Police, Spin the black circle, Screaming life; **Alternative Rock** – Foo Fighters, White Stripes – This Is a Call,

Seven Nation Army; **Crossover** – Red Hot Chilli Peppers – Aeroplan

ab 2000:
Indie Rock – The Strokes – Killamangiro; **Britpop** – Franz Ferdinand – Take Me Out; **Deutsch-(Pop) Rock** – Silbermond, Wir sind Helden, Toten Hosen, Die Ärzte – Symphonie, Müssen nur wollen, Hier kommt Alex, Westerland; **Nu Metall** – Linking Park – One step closer Post; **Post Grunge** – Nickelback – How You Remind Me; **Neue Deutsche Härte** – Rammstein, Oomph – Engel, Links

Hauptsache Groove (S. 12)

1. springenden – Slappen – hart angeschlagen – angerissen – Schlagzeugs – Sechzehntel-Noten – vorgezogenen Eins – synkopierte – Groove – Bläsersätze – abgehackte – rhythmisch – Synthesizer

2. **P-Funk (Parliament-Funk):**
   Merkmale: Drums, Clean-E-Gitarre, E-Bass, Saxofon, Trompete, Posaune, Orgel; Funk-Riffs meistens über 2 Takte; komplizierte Basslinien, häufig Slap-Bass; gestochene Bläserriffs; sehr genaues Zusammenspiel von Bass und Schlagzeug; Gesang wirkt eher rhythmisch als melodisch; Dirty Notes im Gesang, Töne sind wie im Blues nicht auf eine Tonhöhe genau festlegbar
   Interpreten: James Brown, Bootsie Collins, Stevie Wonder, Wild Cherry, Johnny Guitar Watson, Georg Clinton
   Songs: Papa got a brand new bag, Superstition, Play that funky music, Atomic Girl

   Funkrock (Crossover):
   Merkmale: Rockbesetzung oder Trio, verzerrte Gitarren, keine Bläser, Rock-Gesang, Gitarrensoli
   Interpreten: Mothers's Finest, Red Hot Chilli Peppers, Baby Love
   Songs: Aeroplan

   Fusion (Jazz-Funk):
   Merkmale: Jazzbandbesetzung, Drums, Klavier, Orgel, Bass, Bläser, Jazzstandards mit Funkbeat, Soloimprovisationen, meistens ohne Gesang, Musiker müssen ihre Instrumente ausgezeichnet beherrschen, spricht eher Konzertpublikum an
   Interpreten: Herbie Hancock
   Songs: Tower of Power, Watermelonman, Soul with a capitol „S"

   Disco-Funk:
   Merkmale: Rhythmusgruppe und Bläser, eingänge tanzbare Melodien, in der Regel kommerzielle Partymusik, Mainstream Funk
   Interpreten: Earth Wind and Fire, Kool and the gang, Jamiroquai
   Songs: Shiningstar, Celebration, Cosmic-Girl

   Elektro-Funk (Hip-Hop):
   Merkmale: Elektronische Produktion, virtuelle Instrumente, Drums, Bass, Bläser/Streicher/ Gitarren, Live-Sänger/innen und Lead-Synthesizer prägen die einfachen Melodielinien, kaum Dirty Notes wie im Funk, Partymusik, keine Improvisation
   Interpreten: Armand von Helden,
   Songs: The Funk Phenomena 2009

Wild Cherry: „Play that funky music" (S. 13)

Songaufbau:
Intro: 8 Takte, 4 Takte Git. alleine
+ 4 Takte mit Band
1. Strophe: 16 Takte
Pre-Chorus: 4 Takte Gesang und Drums
Refrain: 8 Takte
Interlude (Zwischenspiel): 4 Takte
Solo: 8 Takte
2. Strophe: 16 Takte
Pre-Chorus: 4 Takte
Refrain: 8 Takte
Interlude (Zwischenspiel): 4 Takte
Outro: 24 Takte
fade out

Lösungen

Reggae-Rätsel (S. 17)

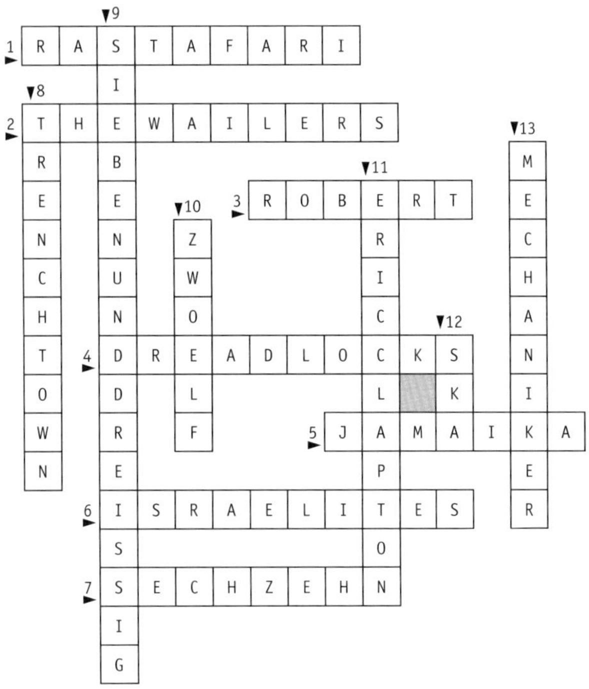

Bob Marley: „No woman, no cry" (S. 19)

Aussage: Mit diesem Lied zeigt Bob Marley die katastrophalen Zustände der Gettos in Kingston auf. Die Armut ist dort so groß, dass die Menschen zum Kochen offenes Feuer mit Holz anheizen und einen einfachen Brei aus Mais essen.
Auf der anderen Seite will er Mut machen. So heißt es im Refrain: „Oh mein Liebes, vergieß keine Tränen, weine nicht. Es wird alles wieder gut werden."

No Future (S. 20/21)

2. a) selbstgeschnittene Frisuren, Irokesenschnitt, Lederjacken, Nieten und Sicherheitsnadeln als Verzierung

b) einfach, rockorientiert, ohne viel Aufwand oder Equipment

c) Die Musik ist wild und einfach. Jeder kann diese Musik machen. Sie ist aggressiv.
Sie ist eine Reaktion auf die politischen Zustände. Sie steht im Gegensatz zu der damals modernen Rock- und Hippiemusik (schwierige Musik, großes Equipment, große Musikalität) und ihrer Kultur.

3. Eine Beispielantwort: In den 1970er-Jahren gab es in England eine große Arbeitslosigkeit. Anfang der 1970er-Jahre gab es den Erdölschock (Erdöl wurde extrem verteuert). Der Glaube an Technik und Fortschritt war erschüttert (die Grünen-Partei in Deutschland entstand). Der Punk war ein Protestmittel gegen diese Entwicklungen. Die Punks hatten den Glauben an die Zukunft verloren. Sie wollten hier und jetzt leben und machten das ohne Kompromisse.

6. Hippie: teures Equipment, Rhythmuswechsel, Gesangsmelodien, Akkordwechsel, komplizierte Songs, Einsatz von Orchestermusik
Punk: verzerrte E-Gitarren, einfacher Sound, wenig Akkordwechsel, schreiender Gesang, schneller und einfacher Rhythmus

Techno hören (S. 22)

2. Drums

4. Richtige Aussagen sind: Es gibt keine Strophe und keinen Refrain. Es werden nur elektronische Instrumente verwendet. Klangfarben sind wichtig. Man kann darauf gut tanzen. Der Rhythmus und die Sounds stehen im Vordergrund.

5. Beispiel: Techno ist eine Stilrichtung der elektronischen Musik. Das Schema von Strophe und Refrain findet keine Anwendung. Es ist eine tanzbare Musik, und bei der Produktion werden ausschließlich elektronische Instrumente verwendet, mit denen interessante Klänge erstellt werden.

Techno machen (S. 23)

1. Mit dem teuren alten Synthesizer. Für Techno klangen die neuen Instrumente zu steril. Die neuen Instrumente in den 1990-Jahren versuch-

ten, Originalinstrumente nachzuahmen, was oft nicht schön klang. Die alten Instrumente aus den 1970er-Jahren hatten ihren eigenen elektronischen Sound. Da sie aber nicht mehr hergestellt wurden, wurden sie zu Sammlerstücken und entsprechend teuer gehandelt.

Techno-Stile – Techno-Radio (S. 24)

1. Techno: Oberbegriff für elektronische, tanzbare Musik
Trance: Lebt von monotonen Wiederholungen von Rhythmen und Tonfolgen
Ambient: Kommt fast ohne Beats aus, schwebende Klänge werden mit Naturgeräuschen verbunden
Drum and Bass: Eine schnelle, rhythmisch komplizierte Variante; jazzige, ultratiefe Basstöne
Hardcore/Gabber: Eine harte, schnelle und aggressive Stilrichtung des Techno; bewegt sich in einem Tempo ab ungefähr 160 BPM
House: Tanzbarer Rhythmus, Soulgesang, Gesangsamples

Man singt Deutsch (S. 28)

1. a) Weil niemand Lieder schrieb, die das aussagten, was er singen wollte.
b) Der Text ist unwichtig, an erster Stelle kommt die Musik.
c) Mit Musik lassen sich Botschaften, die sonst keiner hören würde, vermitteln.
Die Musik ist Kurt Cobain am wichtigsten bei seinen Songs, bei den anderen beiden steht der Text im Vordergrund.

Deutsche Popmusik – Entwicklung (S. 29/30)

1. In den 1950er-Jahren:
Schlager
Es war eine Musikrichtung, die nur in Deutsch gesungen wurde. Die Texte waren sehr einfach, und es ging immer nur um Liebe. Musikalisch entlieh man sich die Ideen aus anderen Musikrichtungen – Hauptsache, es war ein Ohrwurm, und er verkaufte sich gut.
Chris Roberts, Wenke Myhre, Freddy Quinn

Anfang der 1960er-Jahre:
Coverversionen englischer Hits
Bands spielten die Hits aus Amerika und England nach. Die Popmusik in Deutsch gab es nicht. *Rattles, Wonderland, The Lords*

Ende der 1960er-Jahre:
deutsche Coverversionen englischer Hits
Die Bands spielten Musik ihrer Vorbilder nach, übersetzten aber die Texte ins Deutsche.
Drafi Deutscher

Anfang der 1970er-Jahre:
Liedermacher
Die Lieder wurden nur mit Gitarre begleitet und der Text stand ganz im Vordergrund.
Reinhard Mey, Hannes Wader

In den 1970er-Jahren:
Deutschrock
Es gab zum ersten Mal Bands, die nur Deutsch sangen. Die Musik war häufig auch politisch orientiert. *Udo Lindenberg, Puhdys, Rumpelstilz (Schweiz), Wolfgang Ambros (Österreich), Ton – Steine – Scherben*

Ende der 1970er-Jahre/
Anfang der 1980er-Jahre:
Neue Deutsche Welle
Zum ersten Mal lösten sich die deutschen Bands musikalisch von ihren Vorbildern und entwickelten einen eigenen Musikstil. *Nena, Trio, Extrabreit, Fehlfarben, Einstürzende Neubauten, Nina Hagen*

In den 1980er-Jahren:
Electro, Elektropop
Bands spielten Musik, die nur elektronisch produziert wurde. *Kraftwerk, Yello (Schweiz)*

Lösungen

Seit den 1980er-Jahren:
deutscher Hip-Hop
Nachdem es lange Zeit nicht für möglich gehalten wurde, gelang es den Bands, auf Deutsch zu rappen. *Die Fantastischen Vier, Freundeskreis, Jan Delay*

In den 1990er-Jahren:
Techno, Trance
Diese Musik war tanzbar und wurde rein elektronisch produziert. Die Anhänger trafen sich zu großen Events und feierten, z.B. auf der Love Parade oder beim Mayday. Sie hatte wichtige Produzenten, die aus Deutschland kamen.
Sven Väth, Westbam

Ab 2000:
Deutschpop
Musiker komponierten Lieder, bei denen der Text sehr wichtig war. Die Texte sind zum Teil gleichzeitig Gedichte. *Wir sind Helden, Tocotronic, Sportfreunde Stiller*

3. Generell: Je wichtiger der Text, desto mehr Sinn macht es, ihn auf Deutsch zu singen (Liedermacher, Deutschrock, Deutschpop), geht es mehr ums Tanzen oder die Sounds, wird die Sprache des Textes unwichtiger (Electro, Techno).

Aphilas: „Lifelong fiction" (S. 32)

2. Tempo: langsam schleppend.
Instrumente: elektronische Instrumente, aber auch Schlagzeug (echt?), Bass, synthetischer Gesang

4. Intro
Groove 1 (nur Groove)
Groove 2 (mit Vocal und Orgel)
Groove 3 (ein Oboen-Sound)
Fade out

5. a) Es ist eine Kombination aus Trip und Hop.
b) Trip ist gleichbedeutend mit Reise, Trip-Musik = Drogenmusik (Trip = Drogenerlebnis), Hop kommt von Hip-Hop und ist der Groove dieser Musik.
Trip: ruhig, psychedelische Klänge, Gesang
Hop: Groove, Schlagzeug, Bass

Musik-Gleichungen (S. 53)

1					
Trip	+	Hip-Hop	=	Trip Hop	
Pink Floyd		Eminem		Massive Attack	
2					
Klassik	+	Rock	=	Klassik-Rock	
Bach		Rolling Stones		Ekseption	
3					
Gospel/Blues	+	Country/Western	=	Rock 'n' Roll	
Muddy Waters		Johnny Cash		Elvis Presley	
4					
Liedermacher	+	New Wave	=	N.D.W.	
Reinhard Mey		The Police		Nena	

Literatur- und Internettipps

Literatur:

Evans, Mike:
Ray Charles – Die Geburt des Soul.
Bosworth Musikverlag, 2008.
ISBN 978-3-86543-294-0

Guralnick, Peter:
Sweet Soul Music. Bosworth Music, 2009.
ISBN 978-3-86543-321-3

Groß, Torsten; Kardinar, Alexandra:
The Soul of Motown: Eine Labelgeschichte in 15 Songs. Edel, 2009.
ISBN 978-3-941378-30-8

Buckley, Peter:
Rough Guide Rock: Der ultimative Führer zur Rockmusik. 1000 Künstler und Bands.
Rough, 2004.
ISBN 978-1-84353-105-0

Seifert, Jürgen:
More than 50 years: Die Geschichte der Rock- und Popmusik.
Books on demand, 2007.
ISBN 978-3-8334-6838-4

Wicke, Peter; Ziegenrücker, Wieland:
Handbuch der populären Musik: Geschichte – Stile – Praxis – Industrie. Schott, 2007.
ISBN 978-3-7957-0571-8

Schmidt-Joos, Siegfried:
Rock-Lexikon 1 + 2. Rowohlt, 2008.
ISBN 978-3-499-62132-1 und 978-3-499-62133-8

Faglioni, Gino:
What the Funk: Eine Einführung in funky music.
Büro 9, 2008.
ISBN 978-3-00-023758-4

Bradley, Lloyd:
Bass Culture. Der Siegeszug des Reggae.
Hannibal, 2003.
ISBN 978-3-85445-209-6

White, Timothy:
Bob Marley. Catch a Fire. Hannibal, 2002.
ISBN 978-3-85445-077-1

Barsch, Volker:
Rastafari: Von Babylon nach Afrika. Geschichte, Hintergründe und Werte der Rasta-Bewegung.
Ventil, 2003.
ISBN 978-3-930559-97-8

Filme:

- Dokumentarfilm über das legendäre Festival: „Woodstock", 2002
- Musikfilm, in dem ein Lehrer seine Schüler für einen Bandwettbewerb vorbereitet: „School of Rock", 2003
- Komödie über einen englischen Piratensender Anfang der 1960er-Jahre: „Radio Rock Revolution", 2009
- Folgender Film vermittelt einen spannenden Einblick in die Spielweisen der Funkmusik: „The Mothership Connection", 2004
- Im Film „The harder they come" spielt der jamaikanische Reggaesänger Jimmy Cliff Ivanhoe Martin, einen jungen Mann, der vom Land in die Großstadt Kingston kommt und von einer Karriere als Sänger träumt.
- „Quasi-Dokumentarfilm" über die Sex Pistols: „The Great Rock 'n' Roll Swindle"
- Live-Auftritte verschiedener Punkbands Anfang der 1980er-Jahre: „Urgh – a music war"

Die hier im Heft angegebenen Links finden Sie auch unter www.verlagruhr.de/punk-bis-triphop

Literatur- und Internettipps

Links*

Allgemeine Übersicht über die Entwicklung der Musikstile:
www.duepmeier.com/schule/musik/unterricht/stammbaum/index.htm

Soul:
www.laut.de/lautwerk/soul/index.htm
www.songtext.net/starinfos.tml?l=&id=5953&key=R
www.dieterwunderlich.de/Ray_Charles.htm

Rock:
www.laut.de/lautwerk/rock/index.htm
www.rollingstone.com/artists
www.rocksource.de/rockgeschichte_stile.htm
www.dominikwyss.ch/4759/Rockgeschichte.pdf
www.omster.de/musiklexikon/rock-definition-und-wurzeln_145.html
www.musicline.de/de/genre/lexikon/Rock
www.allmusic.com/cg/amg.dll?p=amg&sql=73:20
www.rockonthenet.com

Ska:
www.br-online.de/kinder/fragen-verstehen/musiklexikon/2005/01056/
http://skanews.de/skalinks.html
www.live365.com/cgi-bin/directory.cgi?genre=ska

Reggae:
www.jamaica-travel.de/rasta.htm
www.laut.de/lautwerk/reggae/index.htm
http://de.wikipedia.org/wiki/Portal:Reggae
www.focus.de/reisen/reisefuehrer/nordafrika/aethiopien-im-gelobten-land-der-rastafari_aid_386619.html

**Die in diesem Werk angegebenen Internetadressen haben wir geprüft (Stand Juni 2010). Da sich Internetadressen und deren Inhalte schnell verändern können, ist nicht auszuschließen, dass unter einer Adresse inzwischen ein ganz anderer Inhalt angeboten wird. Wir können daher für die angegebenen Internetseiten keine Verantwortung übernehmen.*

Techno:
www.techno.de/news/specials/technokultur/history-of-techno/techno.html
www.techno.de/news/specials/technokultur/history-of-techno/techno.html
www.am-techno.de/songs.htm
www.royaltyfreemusic.com/techno-dance-music.html
http://traumatic.de/de/wb/songs/

Free MP3 Music:
www.eye-candy.info/music.html
www.ta7.de/txt/musik/musi0003.htm
www.artikelpedia.com/artikel/musik/1/referat-ber-die-geschicht14.php

Ambient:
www.spcs.at/kunst4life/ambient-art-lounge/session_15.php
www.synthtopia.com/Articles/25YearsofAmbientMusic-2.html
http://music.hyperreal.org/epsilon/links/

Deutschpop:
www.learn-german-online.net/learning-german-resouces/musik.htm
www.nthuleen.com/teach/culture/popmusik.html

Hip-Hop:
www.threechords.com/hammerhead/introduction.shtml
(Anleitung für die Benutzung von HammerHead)
http://bdik.ch/Daten/Unterrichtseinheiten/Musik/2009_Hammerhead.pdf
Tipps zum Schreiben eines Raptextes z.B.
http://fudder.de/artikel/2007/07/25/wie-entsteht-ein-raptext/